Lapbook Quadrama Pop-Up-Buch & Co.

Doreen Blumhagen

Originelle Methoden zur Auseinandersetzung mit Unterrichtsinhalten

Anleitungen und Vorlagen für die Sek I

Verlag an der Ruhr

Titel
Lapbook, Quadrama, Pop-Up-Buch & Co.:
Originelle Methoden zur Auseinandersetzung mit Unterrichtsinhalten.
Anleitungen und Vorlagen für die Sek I

Autorin
Doreen Blumhagen

Umschlagmotive
Verlag an der Ruhr

Fotos
Wenn nicht anders angegeben © Verlag an der Ruhr

Icons
Download-Icon: © JJAVA – stock.adobe.com
Buch-Icon: © AVIcon – Shutterstock.com

Druck
Heenemann GmbH & Co. KG, Berlin, DE

Verlag an der Ruhr
Mülheim an der Ruhr
www.verlagruhr.de

Geeignet für die Klassen 5–10

ISBN 978-3-8346-4564-7

Inhaltsverzeichnis

Vorwort

Liebe Kolleg*innen[1],

das Arbeiten mit **individuellen Präsentationsformen** wie Buddybook, Flipbook oder das Sammeln verschiedener Elemente in einem Lapbook bietet Ihren Schüler*innen eine motivierende Möglichkeit, eigene Arbeits- und Lernergebnisse selbstständig zu dokumentieren. Das Besondere daran ist, dass die präsentierten Inhalte, im Unterschied zu einem klassischen Plakat oder einer Mappe, nicht immer sofort sichtbar sind, sondern erst durch Blättern, Drehen oder Klappen vom Betrachtenden aktiv „entdeckt" werden müssen.

Das Erarbeiten und Gestalten solcher Faltbücher eignet sich besonders, um die in den **Bildungsplänen zahlreich geforderten Kompetenzen** der Schüler*innen zu berücksichtigen. Neben der Sach- und Methodenkompetenz werden auch die personale und soziale Kompetenz gefördert. Dabei können sie auf ihrem eigenen Leistungsniveau Themen individuell erarbeiten und auf ansprechende Weise präsentieren.

Jede Präsentationsmethode wird von den Schüler*innen mithilfe von Faltvorlagen selbstständig hergestellt/gefaltet, beschrieben und zum jeweiligen Thema gestaltet.
Je nach Themen, Themenumfang und inhaltlichen Schwerpunkten bieten sich dabei der Einsatz von einzelnen Faltvorlagen oder die Kombination mehrerer Faltvorlagen an. Als Einzelformate können z. B. Leporellos, Flipbooks, Quadramas, Buddybooks, Klapp-Tablets, Klapp-Maps, Pop-Up-Bücher oder ein Endlosbuch eingesetzt werden. Eine besondere Form stellen das Lapbook und das Interactive Notebook dar. Hier werden verschiedene Faltelemente im Kleinformat zu einem Gesamtthema in einer Mappe oder einem Heft gesammelt und eingeklebt.

Mit diesem Ratgeber möchte ich Ihnen **didaktische Hintergründe** zum methodischen Einsatz verschiedener Faltelemente, aber auch zahlreiche **methodische Tipps** aus meiner eigenen Praxis der letzten Jahre geben. Aus meinen Fortbildungen weiß ich, dass z. B. ein Lapbook als Ergebnis schnell überzeugt und viele Kolleg*innen die Materialien gerne im Unterricht einsetzen möchten. Unsicherheiten bestehen jedoch oft darin, wie dieses Vorhaben erfolgreich umgesetzt werden kann bzw. wie die Schüler*innen am besten an das Arbeiten mit diesen Präsentationsmethoden herangeführt werden können. Deshalb möchte ich Ihnen verschiedene Methoden vorstellen und **grundlegende Fragen** zur Unterrichtspraxis, die an mich gestellt wurden, aufgreifen, um Ihnen konkrete **Antworten, Tipps und Hinweise** zu geben.

Sie finden zu jeder Präsentationsform **didaktisch-methodische Hinweise**, Vorschläge für **Bewertungsbögen und Planungshilfen**, um Ihnen den Einsatz im Unterricht zu erleichtern. Alle Falt- und Kopiervorlagen (KV) finden Sie editierbar im **Download-Paket**, sodass Sie diese ganz einfach an Ihre eigene Unterrichtspraxis anpassen können. Verweise im Buch sind durch gekennzeichnet.

Ich wünsche Ihnen viel Erfolg beim Einsatz der Materialien in Ihrem Unterricht.

Ihre Doreen Blumhagen

Ihr persönlicher Zugang:

Alle im Download befindlichen Dateien können Sie unter dem folgenden Link abrufen:

https://ispri.ng/z9XNm

Passwort: Quadrama2022

Wenn Sie die Kopiervorlagen auf Ihrem mobilen Endgerät (Handy, Tablet) aufrufen möchten, scannen Sie den nachfolgenden QR-Code ab und öffnen Sie die Dateien.

Wir empfehlen, die Dateien zeitnah zum Kauf des Produkts herunterzulaufen, da der angegebene Link und der QR-Code ihre Gültigkeit verlieren können. Sollte dies der Fall sein, wenden Sie sich bitte an: digitaleslernen@verlagruhr.de

---

[1] Der Verlag an der Ruhr legt großen Wert auf eine geschlechtergerechte und inklusive Sprache. Daher nutzen wir das Gendersternchen, um sowohl männliche und weibliche als auch nichtbinäre Geschlechtsidentitäten einzuschließen. Alternativ verwenden wir neutrale Formulierungen.

Vorteile der Präsentationsmethoden

Da die präsentierten Inhalte nicht sofort sichtbar sind, liegt der Reiz des Präsentierens mit Faltelementen im **Verstecken und dem Entdecken der Informationen** und der damit verbundenen handlungsaktiven Auseinandersetzung mit einem bestimmten Thema. Sie stellen eine **Abwechslung** zu den bekannten und oft eingesetzten Methoden dar.

Durch die **optische Besonderheit** der Dokumentation und Präsentation ihrer Lernergebnisse sowie der Gestaltungsaspekte durch das eigene Herstellen der Faltelemente werden die Schüler*innen besonders motiviert.

Die Schüler*innen haben die Möglichkeit, etwas Einzigartiges und Individuelles zu einem Thema zu gestalten. Dabei können sie ihrer **Kreativität** freien Lauf lassen. Die Inhalte werden durch die Schüler*innen **adressatengerecht** aufgearbeitet, aufeinander abgestimmt und **visuell ansprechend** präsentiert.

Aufgrund der verschiedenen Arbeitsschritte, wie Recherchieren, Schreiben, Zeichnen, Gestalten und Herstellen, werden **verschiedene Kompetenzen** der Schüler*innen angesprochen. Deshalb haben diese Präsentationsformen einen **höheren Lerneffekt** als das Bearbeiten und Abheften herkömmlicher Arbeitsblätter oder der klassische Hefteintrag.

Die Faltelemente bieten zudem die Möglichkeit, **Themen zu strukturieren**, indem z. B. Teilthemen in den verschiedenen Klappen oder sogar in mehreren Elementen dargestellt und entsprechend angeordnet werden. Aufgrund des begrenzten Platzes zum Schreiben lernen die Schüler*innen außerdem, nur die wesentlichen Informationen zu ihrem Thema kurz und knapp wiederzugeben und damit **Wichtiges von Unwichtigen** zu unterscheiden.

Weiterhin werden die **feinmotorischen Fähigkeiten** der Schüler*innen durch das handschriftliche Schreiben, das Schneiden, Falten und Kleben gefördert. Dabei erfährt auch die Handschrift eine Aufwertung. Die Inhalte werden anders als bei sonst üblichen Präsentationsformen per Hand und nicht mit PC geschrieben.

Das Lesen und Umsetzen von Faltanleitungen schult das **Verstehen schriftlicher Handlungsanweisungen**.

Aufgrund der zahlreichen angesprochenen Kompetenzen werden die fertigen Arbeitsergebnisse von den Schüler*innen mit Stolz gezeigt und das **Selbstbewusstsein wird gestärkt**, da etwas Individuelles selbst erarbeitet wurde.

Das Entdecken der versteckten Informationen hat einen positiven Effekt auf das **Leseinteresse** der Betrachter*innen fertiger Arbeitsergebnisse, sodass diese eine **höhere Wertschätzung** erfahren.

Ein weiterer Vorteil ist, dass viele **Informationen platzsparend** aufbewahrt werden können. Alle vorgestellten Präsentationsformen können z. B. in einer Prospekthülle im Hefter abgeheftet werden, sodass auch im weiteren Verlauf des Unterrichts immer wieder auf das **erarbeitete Wissen zurückgegriffen** werden kann.

Auch das **Üben und Wiederholen** von Inhalten wird aufgrund der Spezifik der Faltelemente unterstützt. Zunächst sind nur Überschriften zu sehen, die Lösungen hingegen sind z. B. durch Klappen verdeckt. Beim Lernen nennen die Schüler*innen zunächst die Lösungen und können diese durch das Öffnen eigenständig überprüfen. Dies ist auch als Partnerabfrage möglich.

Wird wie bei der Erstellung eines Lapbooks oder des Interactive Notebook über einen längeren Zeitraum und mit mehreren Faltelementen zu Teilthemen gearbeitet, entstehen individuelle **Portfolios**, die immer wieder **ergänzt** werden können.

Alle Kompetenzen im Überblick

Je nach Vorgabe der Lehrkraft bewältigen die Schüler*innen viele verschiedene Arbeitsschritte, die unterschiedliche Handlungskompetenzen erfordern.

Sachkompetenz

Die Schüler*innen

... formulieren eigene Fragestellungen zum Thema.

... setzen sich intensiv einem Thema bzw. dessen Teilthemen auseinander.

... strukturieren, kategorisieren und gewichten Informationen.

... reduzieren Informationen auf das Wesentliche.

... wenden verschiedene Problemlösestrategien an.

... ordnen Einzelinformationen/Teilthemen in einen Zusammenhang ein und visualisieren diese.

... illustrieren und gestalten ihre Elemente passend zum Thema.

Personale Kompetenz

Die Schüler*innen

... bearbeiten ein Thema in Eigenverantwortung.

... arbeiten auf ihrem Leistungsniveau.

... gestalten individuelle, ansprechende Präsentationsformen und stärken damit ihr Selbstbewusstsein.

Methodenkompetenz

Die Schüler*innen

... sammeln Material aus unterschiedlichen Medien.

... recherchieren, finden geeignete Quellen und arbeiten die Informationen auf.

... entnehmen wichtige Informationen aus Texten.

... formulieren eigene Texte.

... dokumentieren und präsentieren ihre Arbeitsergebnisse in individuellen Präsentationsformen.

... lernen und wiederholen erarbeite Inhalte.

... gestalten ihr Faltelement/ihre Faltelemente passend zum Thema.

... reflektieren ihre Arbeitsweise und ihre Ergebnisse.

... lernen prozess- und produktionsorientiert.

... planen ihr Vorgehen.

Soziale Kompetenz

Die Schüler*innen

... arbeiten in Partner- oder Gruppenarbeit.

... gehen mit den Arbeitsergebnissen ihrer Mitschüler*innen wertschätzend um.

... öffnen sich der Kritik ihrer Mitschüler*innen.

Einsatzmöglichkeiten im Unterricht

Themen und Fächer

Die vorgestellten Präsentationsformen können in (fast) allen Fächern angefertigt werden. Dabei setzen sich die Schüler*innen mit den unterschiedlichen fachspezifischen Inhalten auseinander.
Der inhaltliche Umfang hängt von dem jeweilig gewählten Faltelement ab. Möglich sind z. B.: Fachthemen, individuelle Spezialthemen, Visualisierung von Kurzvorträgen, fächerübergreifende Themen, Merkstoff bzw. Nachschlagewerk zu wichtigen Fachbegriffen, individuelle Themenportfolios, aber auch Lernportfolios.

Grundsätzlich können alle vorgestellten Präsentationsmethoden als Alternative zum herkömmlichen Hefteintrag dienen.

Unterrichtsformen

Da bei allen Präsentationsformen mehrere Teilthemen eines Gesamtthemas dokumentiert werden, ist der Einsatz sowohl zur Ergebnissicherung im lehrerzentrierten Unterricht als auch zur selbstständigen Erarbeitung neuer Themen im offenen, projektorientierten Unterricht oder als Zusammenfassung am Ende einer Unterrichtseinheit möglich.

BEGLEITEND ZUR UNTERRICHTSEINHEIT

Am Ende einer Unterrichtsstunde werden die erarbeiteten Inhalte anstelle eines Hefteintrags in einem der Faltelemente festgehalten bzw. von den Schüler*innen selbstständig darin zusammengefasst.

STATIONS- UND WERKSTATTARBEIT

Die notwendigen Informationen werden innerhalb einer Stations- und Werkstattarbeit erarbeitet. An jeder Station wird z. B. ein Teilthema festgehalten.

SELBSTSTÄNDIGES PROJEKT

Die jeweilige Präsentationsform wird zur Dokumentation der individuellen Lernergebnisse während eines selbstständigen Projektes zu einem vorgegebenen Thema gestaltet. Die Erarbeitung erfolgt in folgenden Schritten:

Einführungsphase:
Themeneinführung, Kennenlernen der Methode und Anschauen eines Beispiels der Präsentationsmethode

Planungsphase:
Ideensammlung, Formulierung von möglichen Fragestellungen, Materialbeschaffung, Erstellung eines Konzepts

- **Mögliche Impulse:**
  - *Was nehme ich mit?*
  - *Das weiß ich schon:*
  - *Das will ich wissen:*
  - *Mögliche Informationsquellen:*
  - *Dieses Teilthema ist besonders interessant:*
  - *So könnte mein Flipbook etc. aussehen:*
  - *Das ist mir wichtig:*

DOWNLOAD *KV Planungsbogen (PDF, Word)*

S. 24

Durchführung- und Gestaltungsphase:
Individuelle Informationsbeschaffung, Erarbeitung von Inhalten, Beantworten der Fragestellungen, Gestaltung und Umsetzung der jeweiligen Planung.

Präsentationsphase:
Vorstellung und Präsentation der Arbeitsergebnisse.

ZUSAMMENFASSUNG EINER UNTERRICHTSEINHEIT

Das Faltelement wird ausgewählt, um wichtige Inhalte einer Unterrichtseinheit zusammenzufassen. Dazu verwenden die Schüler*innen ihre eigenen Aufzeichnungen und Lehrbücher.

Geben Sie zur Orientierung wichtige Fachbegriffe, Personen etc. als Stichworte vor.

Sozialformen

Grundsätzlich sind alle Faltelemente für verschiedene Sozialformen geeignet. In Abhängigkeit von Thema, Lernziel, Zeit und Erfahrung ist die Gestaltung der einzelnen Präsentationsformen sowohl in Einzelarbeit, 2er-Teams oder Gruppenarbeit möglich.

In der Praxis hat sich gezeigt, dass es auch bei Teamarbeit sinnvoll ist, wenn alle Schüler*innen ein eigenes Faltelement gestalten. Zum einen werden die Arbeitsergebnisse mit Stolz auch anderen Mitschüler*innen oder zu Hause gezeigt. Zum anderen ist ein eigenes angefertigtes Produkt zum Üben, Wiederholen oder Nachschlagen effektiver als ein einziges Gemeinschaftsprodukt.

Wichtiges zur Herstellung der Faltelemente

Benötigtes Material

Pop-Up-Buch, Buddybook und Co. haben den Vorteil, dass sie bereits mit wenig Material hergestellt werden können.

Grundausstattung:

- *weißes und farbiges Kopierpapier*
- *Tonkarton in verschiedenen Farben*
- *Papierklebeband*
- *Musterbeutelklammern*
- *Leim, Schere, Heftgerät*
- *Schreib- und Zeichenstifte*
- *Prospekthülle*
- *Informationsmaterial*

In der Regel hat Kopierpapier eine Grammatur von 80g/m²). Damit die Stifte nicht durchdrücken, lassen Sie die Schüler*innen bei der Gestaltung nur Buntstifte verwenden.
Eine kostengünstige Alternative zu Papierklebeband ist Malerkrepp. Dieser kann auch ohne Schere abgerissen werden.
In einer Prospekthülle werden angefangene Arbeiten im Hefter aufbewahrt oder diese zentral bis zur nächsten Stunde gesammelt.

Für die inhaltliche Erarbeitung des Themas benötigen die Schüler*innen Informationsmaterial, wie Lehrbücher, Sachbücher, Lexika, oder es besteht die Möglichkeit zur Internetrecherche.

In einem Karton oder kleinen Werkzeugkisten werden alle für die Herstellung benötigten Zusatzmaterialien aufbewahrt.

Vorbereitung

Benötigte Faltvorlagen auswählen

Für alle vorgestellten Präsentationsformen gibt es als Zusatzprodukt editierbare Vorlagen zum Download und Ausdrucken.

Link zum Download, S. 4

Muster anfertigen

Auf den Methodensteckbriefen bzw. den Faltvorlagen befinden sich die Anleitungen und Fotos der herzustellenden Faltelemente.

Da einigen Schülern*innen das Lesen von Faltanleitungen schwerfällt, bietet es sich an, das ausgewählte Faltelement einmal herzustellen und als unbeschriftetes Anschauungsmuster zur Verfügung zu stellen. Dabei können auch eventuelle Schwierigkeiten bei der Herstellung im Vorfeld erkannt werden.

Beim Lapbook und Interactive Notebook werden verschiedene Faltelemente durch die Schüler*innen ausgewählt und miteinander kombiniert. Es fällt vielen Schüler*innen schwer, sich allein anhand der kopierten Faltvorlagen vorzustellen, wie das fertige Faltelement aussehen wird und wie die Inhalte darauf angeordnet werden können.

Daher befindet sich innerhalb der Kopiervorlagen eine Fotoübersicht möglicher Faltelemente. Kopieren Sie diese mindestens auf das Format DIN A3 und hängen Sie diese im Klassenzimmer auf.

KV Ansichten Faltbücher (S. 90–94)

Damit es den Schüler*innen leichterfällt, Vorlagen auszuwählen, sollte ihnen die Möglichkeit gegeben werden, die Elemente „auszuprobieren". Die dabei entstandenen Muster können später als Modelle fungieren. Folgende Möglichkeiten bieten sich zur Präsentation der Faltelemente im Klassenraum an:

♦ Variante 1: Musterkartei

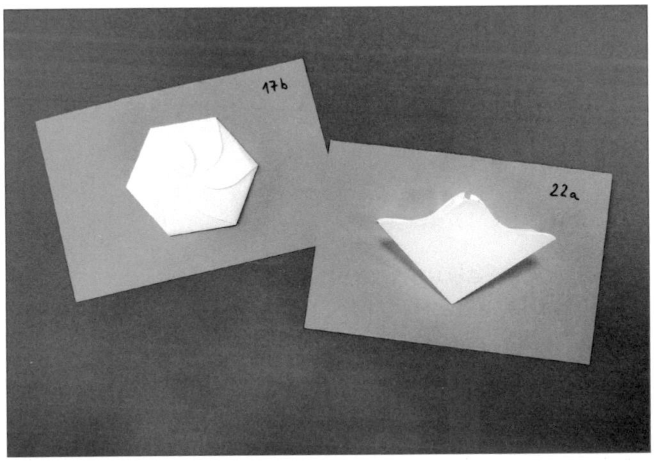

Auf einen DIN-A5-Tonkarton wird ein fertiges Faltelement geklebt. Auf die Rückseite kann zusätzlich die Faltanleitung geklebt werden. Die Karten werden mit der Bezeichnung der Faltvorlage beschriftet und in einem Karteikasten oder Schuhkarton aufbewahrt.

Mit der Musterkartei können Sie bei jedem Projekt andere Faltelemente zur Auswahl stellen. Befestigen Sie diese zum Beispiel mit Magneten an der Tafel oder legen Sie diese auf dem Materialtisch aus.

♦ Variante 2: Mustermappen

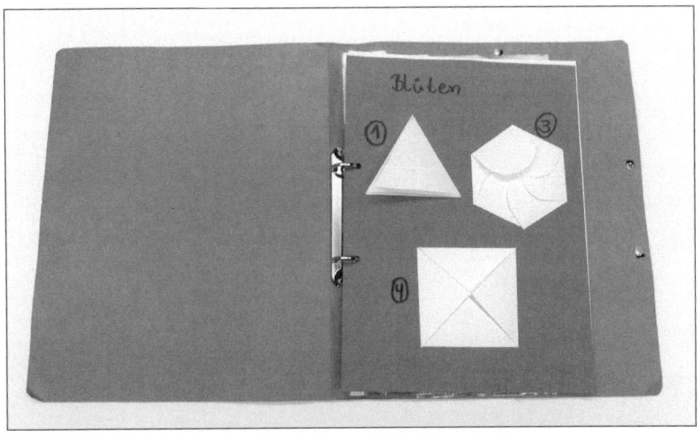

Fertigen Sie mit den Mustern eine Mappe an. Dazu werden Faltvorlagen mit gleicher bzw. ähnlicher Faltanleitung auf einen farbigen DIN-A4-Tonkarton geklebt und mit der jeweiligen Vorlagennummer versehen.

♦ Variante 3: Musterplakat

Zu jeder Faltbuchart wird mindestens eine Variante auf ein Plakat geklebt und im Klassenzimmer als Übersicht ausgehängt.

Zu Beginn erhält jede*r Schüler*in ein Faltbuch als Faltvorlage und stellt dieses mithilfe der Faltanleitung her. Anschließend werden diese gesammelt auf das Plakat geklebt.

Faltvorlagen im Klassensatz

Beim Einsatz von einzelnen Faltelementen wie Buddybook oder Flipbook ist es ausreichend, den Schüler*innen die ausgewählten Faltvorlagen in der jeweiligen Grundvariante in Klassenstärke zur Verfügung zu stellen. Sind die Faltelemente durch zusätzliche Kopien im Umfang erweiterbar, reicht es meist aus, wenn diese im halben Klassensatz kopiert werden.

Beim Erstellen eines Lapbooks oder Interactive Notebook erfolgt die Auswahl der Faltelemente durch die Schüler*innen individuell. Da dadurch die tatsächlich benötigte Menge der Kopiervorlagen nur bedingt planbar ist, bieten sich folgende Möglichkeiten der Organisation an.

♦ Variante 1: Auswahlliste
Die Schüler*innen wählen die gewünschten Faltvorlagen mithilfe der bereitgestellten Muster aus und tragen ihre Auswahl in eine Liste ein. Sie kopieren anhand dieser Liste die gewünschten Faltvorlagen bis zur nächsten Stunde.

♦ Variante 2: Auswahlorder
Um eine Sammlung zu haben, die immer griffbereit ist, können Sie alle Faltvorlagen den Schüler*innen in einem Ordner zur Verfügung stellen. In diesem Ordner befindet sich pro Faltvorlage eine Prospekthülle mit etwa zehn Kopien. Legen Sie jeweils als letzte Seite eine Vorlage in die Prospekthüllen, die auf pastellfarbenes (gelbes, hellgrünes o. Ä.) Papier kopiert wurde. Diese darf von den Schüler*innen nicht verwendet werden. Bis zur nächsten Stunde werden dann die Vorlagen neu kopiert, deren Prospekthüllen bis auf die letzte farbige Kopie leer sind. Der Vorteil der hellen Kopiervorlagen ist, dass diese Signalwirkung haben (= letzte Vorlage) und gleichzeitig ohne Grauschleier kopiert werden können.

♦ Variante 3: Schablonen
Um Kopien einzusparen, können Sie auch mit Schablonen arbeiten, mit deren Hilfe die Schüler*innen die Vorlagen selbst auf weißes Papier übertragen. Dies ist bei vielen Vorlagen möglich.

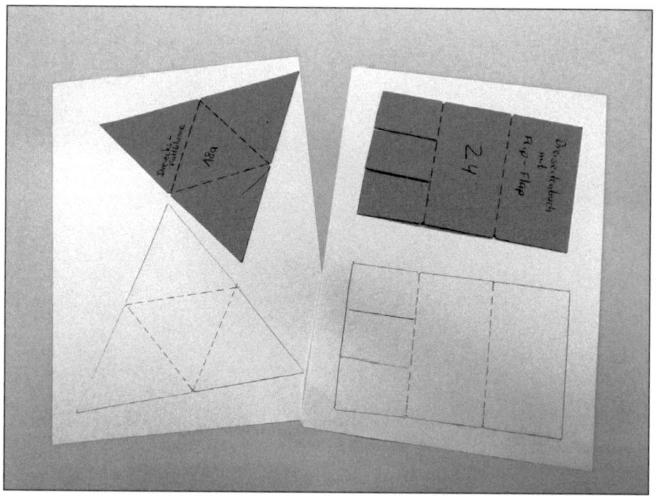

Am einfachsten lassen sich Schablonen mit laminierten Faltvorlagen herstellen.

- Schreiben Sie in die kopierte Faltvorlage die Bezeichnung bzw. Nummer des Faltelements.
- Laminieren Sie Faltvorlage und schneiden Sie diese aus.
- Schneiden Sie dabei bei den Einschneidelinien für Klappen oder Ähnliches einen schmalen Spalt, damit die Schüler*innen diese mit dem Bleistift einzeichnen können.
- Zur Markierung der Faltlinien schneiden Sie kleine Dreiecke an die Außenkanten ein.

Zeichnen Sie jede Schablone als Anschauungsbeispiel auf ein weißes DIN-A4-Blatt Papier. Für die Aufbewahrung der Schablonen bietet sich ebenfalls die Variante eines Auswahlorders an. Stecken Sie dazu jeweils die Skizze und zugehörige Schablonen in eine Prospekthülle.

Differenzierungsmöglichkeiten im Unterricht

Die Schüler*innen können sich ein Thema differenziert und individuell auf ihrem eigenen Leistungsniveau erarbeiten und mithilfe eines bzw. mehrerer Faltelemente präsentieren. Differenzierung kann z. B. durch die Auswahl der Teilthemen, durch die Menge der vorgegebenen Informationen oder ein größeres Maß an eigenverantwortlichem Lernen erreicht werden.

Arbeitstempo

Die Festlegung der Mindestanzahl an Teilthemen bzw. eigenen Fragestellungen ermöglicht es Ihnen, die verschiedenen Arbeitstempi der Schüler*innen zu berücksichtigen. Die Mindestanzahl orientiert sich dabei an der Zeit, die die schwächsten Schüler*innen für die Bearbeitung benötigen. Schnellere Schüler*innen bearbeiten weitere Teilthemen.

Der Vorteil der Faltelemente ist es, dass ihre Anzahl leicht im Umfang reduziert werden kann, ohne dass das fertige Produkt, z. B. ein Lapbook, unvollständig wirkt. Zusätzliche Seiten, Klappen, Faltbücher sind oft auch während des Arbeitsprozesses noch erweiterbar.

Fächerunabhängige Beispiele:

- *Die Schüler*innen gestalten ein Pop-Up-Buch mit mind. drei Seiten. Zusätzliche Teilthemen werden durch weitere Pop-Up-Seiten angeklebt.*
- *Die Schüler*innen gestalten ein Lapbook mit mind. acht Faltelementen in einem einfachen Lapbookumschlag. Zusätzliche Teilthemen werden in weiteren Faltelementen vorgestellt und durch Zusatzklappen am Lapbookumschlag ergänzend eingeklebt.*

Weisen Sie die Schüler*innen darauf hin, dass zunächst das Erarbeiten und Aufbereiten der Informationen im Vordergrund steht und die Gestaltung im Anschluss erfolgt. Sonst besteht die Gefahr, dass zu viel Zeit für die Gestaltung investiert und der geforderte Inhalt nicht bewältigt wird.

Aufgrund des Zeitaspektes stellt sich oft die Frage, ob die Schüler*innen ihre Faltelemente nur in der Schule oder zu Hause herstellen und erarbeiten bzw. weitermachen. Beides ist sicherlich möglich.

Mögliche Probleme:

- *Die Schüler*innen vergessen, ihr Material wieder mit in die Schule zu bringen, oder verlegen bereits erarbeitetes Material, sodass Sie Arbeitszeit verlieren.*
- *Zu Hause arbeitet jemand verstärkt mit bzw. übernimmt die Arbeit komplett für die Schüler*innen.*
- *Das prozessorientierte Bewerten ist nicht (kaum) möglich, da die Schüler*innen während der Arbeitsphasen nicht beobachtet werden können.*

Nicht alle, sondern einzelne Arbeitsschritte werden als Hausaufgabe aufgegeben.
Z. B. das Recherchieren von Inhalten, Suchen/Mitbringen von Bildern, Erarbeiten eines Teilthemas …

Interessen

Durch das Gestalten eines Faltelements bzw. Zusammenstellung mehrere Faltelemente wird das Gesamtthema in Teilthemen strukturiert. Aus diesem Grund ist eine Interessen-Differenzierung leicht möglich.

PFLICHT- UND WAHLTHEMEN

Die Schüler*innen wählen aus vorgegebenen Teilthemen. Dies sind z. B. Pflichtthemen, die von allen bearbeitet werden und ein gemeinsames Grundwissen gewährleisten. Zusätzlich werden Wahlthemen angeboten.

Beispiel Geografieunterricht
Aufgabe: *Erstellen eines Memoflips zu einem frei gewählten Land Europas.*

Die Schüler*innen bearbeiten drei Pflichtthemen:
- *Topografie (Grenzen, Städte, Flüsse, Gebirge)*
- *Klima*
- *Wirtschaft*

Die Schüler*innen wählen ein bis drei Wahlthemen aus:
- *Bildung*
- *Religion*
- *Tier- und Pflanzenwelt*
- *Sehenswürdigkeiten*
- *berühmte Personen*
- *Tradition*
- *Gesundheitswesen*
- *ABC-Liste*

EIGENE FRAGESTELLUNGEN

Die Schüler*innen formulieren eigene Fragestellungen zum Gesamtthema und recherchieren anhand der Leitfragen Inhalte, die für sie von besonderem Interesse sind.

Beispiel Religions-/Ethikunterricht
Aufgabe: *Eine Klapp-Mindmap zu einem Fest des Kirchenjahres erstellen*

Mögliche Fragestellungen der Schüler*innen:
- *Wann wird das Fest gefeiert?*
- *Warum wird das Fest gefeiert?*
- *Welche Bräuche und Traditionen gibt es?*
- *Welche liturgische Farbe hat es und warum?*
- *Welche Lieder werden gesungen?*
- *Wir wird das Fest im Gottesdienst gefeiert?*

EXPERTENGRUPPEN

Die Schüler*innen bearbeiten in Expertengruppen ein Teilthema, das sie besonders interessiert, und gestalten dazu ein Faltelement. Das fertige Ergebnis kann im Anschluss den Mitschüler*innen zur Verfügung gestellt werden.

Beispiel Deutschunterricht
Aufgabe: *Die Schüler*innen erarbeiten ein Buddybook als Merkheft mit den wichtigsten Informationen zu einer Wortart.*

*Die Lernenden wählen zu Beginn eine Wortart (z. B. Verb, Substantiv, Adjektiv, Attribut …) aus. Schüler*innen, die die gleiche Wortart gewählt haben, arbeiten zusammen.*

*Das fertige Buddybook wird auseinandergefaltet und für die Mitschüler*innen kopiert. Diese falten sich die kopierte Vorlage als Merkheft.*

(Selbstständige) Arbeitsweise

INHALTLICHE GESTALTUNG

Konkrete Aufgabenstellungen zu den zu bearbeitenden Teilthemen unterstützen diejenigen Schüler*innen, die erst wenig Erfahrung mit dem selbstständigen Erarbeiten gesammelt haben und noch unsicher beim eigenverantwortlichen Lernen sind. Zusätzlich können die Faltelemente bereits durch Überschriften, Texte oder Bilder vorstrukturiert werden.

Beispiel Biologie
Aufgabe: *Gestalte ein Minibuch zu den Stockwerken des Waldes und nenne jeweils typische Beispiele für Pflanzen und Tiere in den einzelnen Stockwerken.*

Mithilfe der digitalen Vorlagen können alle Faltvorlagen dieses Bandes individuell für die Schüler*innen aufbereitet und Aufgabenstellungen ergänzt werden.

Bearbeitung der digitalen Vorlagen, S. 20–22

Schüler*innen, die bereits eigenverantwortlich lernen, aber noch Orientierung benötigen, reicht meist die gemeinsame Erarbeitung von Teilthemen und möglichen Fragestellungen.

Beispiel Musikunterricht

Aufgabe: *Erstelle einen Flyer zu W. A. Mozart.*
- *Wähle mindestens zwei Teilthemen aus.*
- *Formuliere zu jedem Teilthema eine eigene Fragestellung.*

Teilthemen:
- *Steckbrief des Komponisten*
- *Berühmte Musikstücke des Komponisten*
- *Mozart als Kind/Jugendlicher*
- *Mozart im historischen Kontext*
- *Mozarts Bedeutung für dich*
- *Mozartrezeption heute*

Schüler*innen, die bereits ein komplexes Thema eigenverantwortlich erarbeiten können, benötigen meist nur die Vorgabe des Rahmenthemas, zu dem sie selbstständig Teilthemen und Fragestellungen formulieren und diese nach eigenen Ideen umsetzen.

Gestalten die Schüler*innen ihre Inhalte auf einer Blankovorlage, bietet sich das Arbeiten mit einer Skizze des Faltelements an. In dieser notieren sie die Aufteilung der Teilthemen auf den verschiedenen Feldern und skizzieren die Anordnung von evtl. Bildern und Texten.

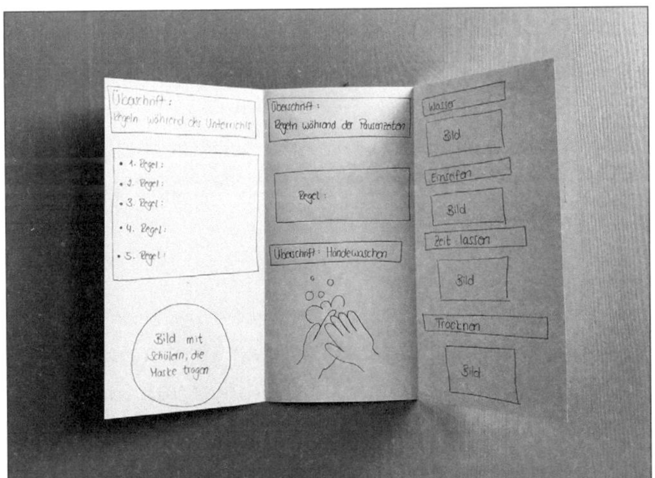

Beispiel Flyer:
*Die Schüler*innen halten in einer verkleinerten Form des Flyers die einzelnen Gliederungspunkte fest. Die Aufteilung der Bilder und Texte wird eingezeichnet.*

Als Hilfestellung können grundlegende Gestaltungstipps als Plakat oder Handout zur Verfügung gestellt werden. Dazu gehören z. B.:
- *Formulieren sinnvoller Überschriften für die einzelnen Felder*
- *leserliches Schriftbild*
- *Verfassen kurzer Texte*
- *Verwenden von Farben und Symbolen*
- *Hervorheben von Überschriften/ Wichtigem durch Farbe und Größe*
- *Gestaltung der Titelseite als Blickfang*

DOWNLOAD *KV Gestaltungstipps (PDF)*

S. 23

Auch das Vorschreiben der Texte ist empfehlenswert, bevor diese im Faltelement notiert werden.

Beim Interactive Notebook oder Lapbook können mehrere Faltelemente kombiniert und sinnvoll strukturiert aufgeklebt werden. Die Schüler*innen sollten vor dem Aufkleben der geplanten Faltelemente Skizzen anfertigen und die geplanten Faltbücher mit den Teilthemen darin notieren.

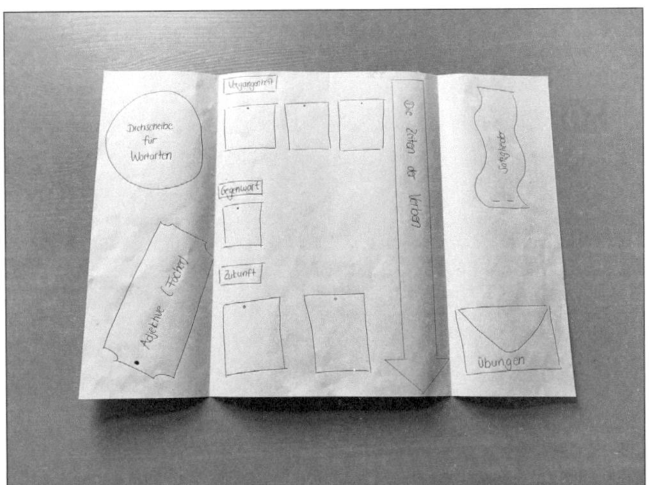

Beispiel Lapbook:
Der Umschlag des Lapbooks wird mit einem DIN-A3-Zeichenblatt nachgefaltet. Die geplanten Faltelemente werden mit den jeweiligen Teilthemen grob skizziert.

INFORMATIONSBESCHAFFUNG

Das Recherchieren, Sichten und Gewichten von verschiedenen Inhalten erfordert einen hohen Grad an Eigenleistung seitens der Schüler*innen. Je nach Kompetenzgrad benötigen sie hierbei individuelle Unterstützung. Schüler*innen, die noch wenig Erfahrung mit dem selbstständigen Recherchieren haben, finden z. B. alle notwendigen Informationen im Lehrbuch oder in bereitgestellten Zusatzmaterialien. Dabei leisten sie zwar keine Recherchearbeit, lernen jedoch, gezielt Informationen aus Texten zu entnehmen und für ihre Faltelemente aufzubereiten.

Schüler*innen, die in der Lage sind, selbstständig zu recherchieren, aber noch Orientierung benötigen, können neben bereitgestelltem Informationsmaterial verschiedene Lehrbücher, eine Medienkiste oder das Internet nutzen. Auch das Mitbringen eigener Informationsmaterialien ist möglich.

ARBEITSPLANUNG

Bei Projekten, die auf mehrere Stunden ausgelegt sind, ist es empfehlenswert, einen Zeitplan zu erstellen, mit dessen Hilfe die Schüler*innen die einzelnen Arbeitsschritte und die dafür zur Verfügung stehende Zeit im Blick behalten.

Diesen können die Schüler*innen anhand der Kopiervorlage Mein Zeitplan selbst anlegen und führen. Schüler*innen, die bei diesem Arbeitsschritt noch mehr Unterstützung benötigen, können Sie wichtige Arbeitsschritte und Termine vorgeben.

DOWNLOAD *KV Mein Zeitplan (PDF, Word)*

S. 25

Möglicher Ablaufplan zur Gestaltung eines Flipbooks

- *Hauptthema finden*
- *Flipbook herstellen*
- *fünf bzw. sieben Teilthemen überlegen/festlegen*

Zu jedem Teilthema:

- *Internetrecherche, Material sammeln, zusammentragen und sichten*
- *Erarbeiten der Informationen für die einzelnen Teilthemen. Inhalte dazu zuerst als Konzept auf Extrazettel notieren.*
- *Anordnung der Informationen in der Klappe überlegen, evtl. skizzieren.*
- *Reinschrift der Informationen in die ausgewählte Registerseite*
- *Gestaltung der Themenklappen*
- *Deckblatt gestalten*
- *Flipbook illustrieren, mit Bildern versehen*

Während des gesamten Arbeitsprozesses:

- *Selbstreflexion ausfüllen und Flipbook evtl. überarbeiten*

Motorik

Neben der inhaltlichen Erarbeitung werden bei der Herstellung und Gestaltung der Faltelemente verschiedene feinmotorische Kompetenzen benötigt. Faltelemente müssen geschnitten, gefaltet, geklebt und gestaltet werden.

FALTEN

Schüler*innen, die in ihrer Feinmotorik eingeschränkt sind, haben häufig Schwierigkeiten beim Falten. So reißt z. B. das Kopierpapier schnell ein. Kopieren Sie die Vorlagen auf dickeres Papier (ca. 100g/m^2) und bieten Sie diesen Schüler*innen vor allem einfach herzustellende Varianten zur Auswahl an.

Möglicherweise werden Schüler*innen mit eingeschränkter Lesekompetenz Schwierigkeiten beim Verstehen der Faltanleitungen haben. Diesen Schüler*innen können Sie die Faltelemente in Form fertiger Muster zur Verfügung stellen.

Muster anfertigen, S. 8–10

SCHREIBEN

Die Faltelemente haben keine Lineaturen. Schüler*innen, denen es schwerfällt, ohne Linien zu schreiben, können Lineaturen einkleben oder zum Durchschreiben unterlegen. Schüler*innen, die sehr groß schreiben, können Sie die Vorlagen auf DIN A3 vergrößern.

Fertige Arbeitsergebnisse im Unterricht einsetzen

Präsentation

KUGELLAGER

Die Schüler*innen setzen (oder stellen) sich in einem Innen- und Außenkreis mit dem Gesicht zueinander. Immer zwei Schüler*innen sitzen sich gegenüber und stellen einander den Inhalt ihres Faltelements vor. Bei einem Lapbook bzw. Notebook wählen sie einen Inhalt/ein Faltelement aus. Die Faltelemente können auch von dem*der Partner*in ausprobiert werden.

Nach einer zuvor festgelegten Zeit bzw. einem Signal wandert der Innenkreis einen Platz weiter nach links. Die neuen Partner*innen stellen sich ihre Inhalte wiederum gegenseitig vor.

GALLERY-WALK

Die Arbeitsergebnisse werden auf Tischen im Klassenzimmer für einen Gallery-Walk ausgelegt. Das Klassenzimmer wird somit zu einer Galerie, die zur Besichtigung der Ergebnisse einlädt.

Um das persönliche, entdeckende Lernen zu fördern, begutachten die Schüler*innen die Arbeitsergebnisse allein oder in 2er-Teams und wechseln nach einer vorgegebenen Zeit die Tische.

Wurde zuvor in Gruppen gearbeitet, werden diese neu gemischt, sodass ganz neue Konstellationen entstehen.

Die Gruppe wandert nun von Tisch zu Tisch, um die Arbeitsergebnisse anzuschauen. Der*die Schüler*in, der*die am ausgelegten Faltelement mitgearbeitet hat, präsentiert als Expert*in den Inhalt.

MÜNDLICHE KLASSENPRÄSENTATION

Für eine mündliche Präsentation vor der gesamten Klasse (möglichst im Sitzkreis) bereiten die Schüler*innen einen Kurzvortrag mithilfe der Informationen aus ihrem Faltelement vor. Das Faltelement wird während der Präsentation aufgeklappt und erläutert, sodass keine zusätzlichen Stichpunktzettel benötigt werden.

Ideal ist es, wenn die Schüler*innen ihre Faltelemente einander in 2er-Teams oder Kleingruppen vorstellen und diese gegenseitig „ausprobieren" können. Dabei stellen Sie Fragen an die Schüler*innen, die das Element erarbeitet haben.

> Findet die Präsentation vor der gesamten Klasse statt, sollten die Schüler*innen zuvor die Möglichkeit haben, sich die fertigen Faltelemente anzuschauen. Dafür bietet sich z. B. der Gallery-Walk an.

PRÄSENTATION DURCH MITSCHÜLER*INNEN

Die Schüler*innen präsentieren ein Arbeitsergebnis ihrer Mitschüler*innen. Dies erfolgt mit kurzer Vorbereitungszeit oder spontan. Die präsentierenden Schüler*innen üben mithilfe des Arbeitsergebnisses ihres Mitschülers bzw. ihrer Mitschülerin, den Inhalt innerhalb kurzer Zeit zu erfassen und in eigenen Worten zu formulieren. Die Schüler *innen, die das Faltelement erstellt haben, bekommen auf diese Weise einen Eindruck davon, ob sie den Inhalt verständlich genug aufbereitet haben.

AUSSTELLUNG

Die gestalteten Faltelemente werden als kleine Ausstellung im Klassenzimmer über einen längeren Zeitraum zum Entdecken und Lernen ausgelegt, z. B.:

- *auf einem besonderen Präsentationstisch oder auf der Fensterbank,*
- *an der Pinnwand/Magnettafel,*
- *mit Klammern an einer gespannten Leine,*
- *in Stehordnern.*

Auch die Präsentation an Elternabenden oder beim Tag der offenen Tür bietet sich an.

Faltelemente aufbewahren

Im Gegensatz zu herkömmlichen Plakaten können alle hier vorgestellten Faltelemente in Heftern aufbewahrt werden.
Auf diese Weise gehen erarbeitete Informationen den Schüler*innen nicht verloren und es kann im Unterricht immer wieder darauf zurückgegriffen werden.

Üben und Wiederholen

In den Faltelementen sammeln die Schüler*innen Informationen, die auch nach der Gestaltung im Unterricht zum Üben und Wiederholen weitergenutzt werden können.

In den geschlossenen Faltelementen sind die Lösungen zunächst nicht sichtbar und nur die Teilüberschriften zu sehen. Die Schüler*innen nennen die Lösungen und überprüfen diese anschließend selbstständig, indem sie die Klappen öffnen.

Die Überprüfung ist auch durch gegenseitiges Abfragen in 2er-Teams möglich. Deshalb eignen sich fertiggestellte Faltelemente besonders für:

- ✦ *tägliche Übungen zur Wiederholung (z. B. Vokabeln, mathematische Formeln …)*
- ✦ *das Lernen in Vorbereitung auf Leistungsüberprüfungen*
- ✦ *Nachschlagewerke (z. B. Formelsammlung, Fachlexika, Grammatikwissen, methodische Anleitungen)*

Bewertungsmöglichkeiten

Für das Begutachten der fertigen Faltelemente bietet sich eine mehrdimensionale Bewertung, mit Lehrer*innen- und Mitschüler*innenbewertung sowie Selbstreflexion der Schüler*innen an. Auch eine klassische Leistungsüberprüfung im Anschluss an die Erarbeitung ist möglich.

Selbstreflexion

Bei der Reflexion des Lernprozesses und der Arbeitsergebnisse spielt die persönliche Leistungseinschätzung der Schüler*innen eine wichtige Rolle. Diese ermöglicht Ihnen die anschließende Bewertung durch die Lehrkraft nachzuvollziehen und Rückschlüsse für das weitere Lernen zu ziehen.

Die Selbstreflexion sollte mithilfe von Impulsen gesteuert werden und sich auf festgelegte Kriterien beziehen.

Beispieleinschätzung: ☺😐☹
Die Schüler*innen schätzen die Umsetzung der Kriterien mithilfe eines klassischen Smiley-Systems ein.

☺ vollständig erfüllt

😐 teilweise erfüllt

☹ nicht erfüllt

Beispieleinschätzung: ☆☆☆
Die Schüler*innen markieren entsprechend der Legende die ihrer Ansicht nach erreichte Anzahl an Sternen.
nicht erfüllt ☆☆☆☆☆ *vollständig erfüllt*

Geben Sie den Schüler*innen den Selbstbewertungsbogen nicht zu kurzfristig vor der Abgabe des Endproduktes, damit sie noch die Möglichkeit haben, Änderungen anhand ihrer Reflexion vornehmen zu können.

Hinweis:
Die Selbstreflexion ist im digitalen Materialteil in die Bewertungsbögen der Lehrkraft integriert. Dies ermöglicht eine transparente Leistungsbewertung, da den Schüler*innen und der Lehrkraft dieselben Kriterien vorliegen.
Als Teil der prozessorientierten Bewertung sollte die Selbstbewertung in das Gesamturteil mit einfließen.

KV Bewertungsbogen mit Selbstreflexion (PDF, Word)

Mitschüler*innen bewerten

Bewerten die Schüler*innen ihre Arbeitsergebnisse gegenseitig, lernen sie, Leistungen selbst einzuschätzen und mit den Arbeitsergebnissen ihrer Mitschüler*innen wertschätzend umzugehen. Außerdem öffnen sie sich der Kritik ihrer Mitschüler*innen.

EINSCHÄTZUNG DES ZWISCHENSTANDES

In Kleingruppen stellen sich die Schüler*innen ihren aktuellen Bearbeitungsstand gegenseitig vor. Sie tauschen sich darüber aus, was gelungen ist und geben einander Tipps für die weitere Bearbeitung der Aufgabe. Diese Einschätzung kann durch Impulsfragen gesteuert werden, die an der Aufgabenstellung orientiert sind.

EINSCHÄTZUNG WÄHREND EINES GALLERY-WALKS

Nach Fertigstellung der Faltelemente bewerten die Schüler*innen die Produkte ihrer Mitschüler*innen während eines Gallery-Walks. Für die Bewertung vergeben die Schüler*innen insgesamt maximal drei Punkte zu drei vorher festgelegten Kriterien. Nach dem Gallery-Walk erfährt jede*r die Gesamtpunktzahl zu seinem*ihrem Faltelement.

1 Punkt = Gestaltung

1 Punkt = Inhalt

1 Punkt = Gesamteindruck

Alternativ wird ein vorher festgelegtes Einzelkriterium in den Mittelpunkt gestellt. Die Schüler*innen erhalten z. B. einen Muggelstein und legen diesen bei dem Schülerprodukt ab, das dieses Kriterium am besten erfüllt hat. Anschließend wird ausgezählt, welche*r Schüler*in die meisten Muggelsteine bekommen hat. Dabei wird gemeinsam ausgewertet, warum diese*r Schüler*in das Kriterium am besten erfüllt hat (Lernen am Modell). Auf diese Weise werden nicht immer nur leistungsstarke Schüler*innen in den Mittelpunkt gestellt, sondern verschiedene Fähigkeiten fokussiert.

Mögliche Einzelkriterien:
- *Gestaltung*
- *Verständlichkeit der Texte*
- *Zeichnungen*
- *Erklärungen*
- *Formulierung/Gestaltung der Überschriften*
- *Lesbarkeit der Schrift*
- *Strukturierung der Inhalte*
- *Umsetzung eigener Ideen*
- *Interessanteste Fragestellung*

LOBRUNDE

Nach der mündlichen Präsentation erhalten die Schüler*innen eine Rückmeldung von ihren Mitschüler*innen zu denjenigen Aspekten, die ihnen gut gelungen sind. Anschließend formulieren zwei bis drei Schüler*innen Tipps zu weniger gut gelungenen Aspekten.

Die Schüler*innen erstellen eine Bewertungsliste, in der sie während der Präsentationen ihre Einschätzung notieren. Dadurch wird eine konstruktive Rückmeldung erleichtert. Detaillierte Vorgaben unterstützen diejenigen Schüler*innen, die Schwierigkeiten bei der Einschätzung von Leistungen haben.

KV Mitschülerbewertung (PDF)

S. 28

Bewertung durch die Lehrkraft

Die entstandenen Schülerergebnisse können der Dokumentation des aktuellen Lernstandes und der individuellen Entwicklung dienen und als Grundlage für die Leistungsbewertung verwendet werden.

LEISTUNGSDOKUMENTATION

Dauert die Gestaltung der Faltelemente mehrere Unterrichtsstunden, sollten Sie den Schüler*innen während des Arbeitsprozesses mindestens eine kurze Rückmeldung zum aktuellen Arbeitsstand geben. Die Schüler*innen erkennen daran, dass Sie an ihrer Arbeit interessiert sind. Ein Lob zu bereits entstandenen Ergebnissen motiviert die Schüler*innen für die Weiterarbeit. Geben Sie den Schüler*innen ein kurzes Feedback dazu, was ihnen bereits besonders gut gelungen ist, und ergänzen dieses durch einen Tipp für die weitere Arbeit. Händigen Sie die Rückmeldungen in der Folgestunde aus.

Bei längerfristigen Projekten reicht es aus, pro Stunde nur einzelnen Schüler*innen eine Kurzrückmeldung zu geben, sodass am Ende der Arbeitszeit jede*r Schüler*in mind. einmal ein Feedback erhalten hat.

KV Kurzrückmeldung (PDF)

S. 27

LOBRUNDE

Feedback zu fertigen Produkten können Sie auch im Rahmen der Schülerlobrunde geben. Ergänzen Sie nach den Äußerungen der Schüler*innen, was Ihnen an den präsentierten Ergebnissen gefallen hat, und geben Sie Tipps für das nächste Mal. Sie haben dabei die Möglichkeit, den Schüler*innen differenzierte Hinweise für deren Lernentwicklung zu geben.

Leistungsbewertung

BEWERTUNGSBOGEN

Für Leistungsüberprüfungen bietet sich eine prozess- und ergebnisorientierte Bewertung an.
Die Anzahl der Kriterien richtet sich nach dem Alter und den Erfahrungen der Schüler*innen. Dabei sollte auch die Selbstreflexion der Schüler*innen zum Tragen kommen, in der sie ihr Vorgehen und das Endergebnis reflektieren.

Da jedes Faltelement bei der Bewertung besondere Schwerpunkte hat, werden diese in den jeweiligen Methodenbeschreibungen ergänzt. Mögliche allgemeine Bewertungsschwerpunkte für alle Faltelemente sind z. B.:

Lern- und Arbeitsverhalten:
Die Planung und Durchführung kann prozessorientiert bewertet werden. Beobachten Sie die Schüler*innen dazu während der Gestaltungsphase im Unterricht anhand festgelegter Kriterien.

Beispiele für Kriterien:
- *Zusammenarbeit mit anderen Schüler*innen*
- *Einhalten von Regeln*
- *Problemlösefähigkeit*
- *konzentrierte und ausdauernde Arbeitsweise*
- *selbstständiges, planvolles und ausdauerndes Arbeiten*
- *Sammeln von Informationen und Materialien*

Um diesen Prozess transparent bewerten zu können, bietet sich ein Beobachtungsbogen zum Lern- und Arbeitsverhalten an, der während der Erarbeitungsphase im Unterricht ausgefüllt wird.

KV Beobachtungsbogen zum Lern- und Arbeitsverhalten (PDF)

S. 26

Gestaltung:
- *Die Faltelemente wurden sauber ausgeschnitten, gefaltet, geklebt, gemalt und beschrieben.*
- *Die Inhalte wurden übersichtlich und strukturiert angeordnet.*
- *Das Schriftbild ist leserlich*
- *Es wurden Farben und Symbole zur Strukturierung verwendet.*

- *Überschriften und wichtige Aussagen wurden durch Farben und Größe hervorgehoben.*
- *Die Faltelemente wurden passend zum Thema illustriert und gestaltet.*
- *Die Titelseite wurde als Blickfang gestaltet.*
- *Es wurden eigene Ideen, Bilder eingebracht.*

Inhaltliche Erarbeitung:
- *Der Inhalt wurde vollständig, sinnvoll und richtig dargestellt. (Gefordertes Fachwissen kann dabei mit Punkten versehen werden oder es werden Punkte auf die allgemeine Richtigkeit des Themas gegeben.)*
- *Die zuvor gestellten Forscherfragen/festgelegten Teilthemen wurden beantwortet.*
- *Geeignetes Informationsmaterial wurde genutzt.*
- *Es wurden wichtige von unwichtigen Informationen unterschieden.*
- *Die Inhalte wurden strukturiert, kategorisiert und gewichtet.*
- *Die Informationen wurden auf das Wesentliche reduziert.*
- *Fachtermini wurden korrekt verwendet.*
- *Die Einzelinformationen/Teilthemen wurden in Zusammenhang gebracht.*
- *Meinungsfragen wurden begründet.*

Präsentation:
Werden die Ergebnisse mündlich präsentiert, gelten die Kriterien für einen Vortrag, wie z. B.:
- *sinnvoller Aufbau,*
- *Anschaulichkeit durch Erklärungen und Beispiele,*
- *sprachliche Gestaltung, freies Sprechen,*
- *Blickkontakt/Körperhaltung,*
- *Beantwortung von Fragen.*

Besondere Leistung:
Für eine besondere Idee bezüglich des Inhalts, der Gestaltung, der Präsentation oder für herausragendes Arbeitsverhalten können Zusatzpunkte vergeben werden.

Selbstreflexion:
Bei der Selbstreflexion ist es nicht ausschlaggebend, dass die Schüler*innen ihre Arbeitsergebnisse genauso wie Sie einschätzen. Dies ist durch die subjektive Wahrnehmung nicht immer gegeben. Die Schüler*innen erhalten die volle Punktzahl, wenn sie ihr Lernergebnis realistisch eingeschätzt haben.

Mit der Selbstreflexion erhalten Sie außerdem einen Eindruck von den Problemen und der besonderen (inhaltlichen oder gestalterischen) Gewichtung der Schüler*innen, die sie in ihren Arbeiten vorgenommen haben. Diese können Sie gezielt in Ihre eigene Bewertung einbeziehen.

Besprechen Sie zu Beginn gemeinsam die Bewertungskriterien, sodass die Schüler*innen wissen, worauf sie achten müssen. Der Bewertungsbogen kann z. B. im Klassenzimmer aufgehängt oder den Schüler*innen ausgehändigt werden.

Streichen Sie bei der Beurteilung Kriterien durch, die nicht erfüllt wurden, damit die Schüler*innen nachvollziehen können, warum nicht die volle Punktzahl erreicht wurde.

Z. B. Du hast sauber ~~geschnitten und~~ geklebt.

Editierbare Bewertungsbögen:
Zu jedem Faltelement finden Sie im digitalen Material einen editierbaren Bewertungsbogen als Word-Vorlage.
Die Kriterien können Sie je nach Schwerpunktsetzung reduzieren bzw. durch andere Kriterien ergänzen.
Die Selbstreflexion ist im digitalen Materialteil in den Bewertungsbögen der Lehrkraft integriert.

KV Bewertungsbogen mit Selbstreflexion (Word, PDF)

KLASSISCHE LEISTUNGSÜBERPRÜFUNG

Nach der Gestaltung der Faltelemente kann ebenfalls eine mündliche Leistungskontrolle oder eine Klassenarbeit folgen, da die Schüler*innen sich vertieft mit ihrem Thema auseinandergesetzt haben. Die fertigen Produkte eignen sich zudem zum Üben und Wiederholen des erarbeiteten Wissens.

Bearbeitung der digitalen Vorlagen

Alle Faltvorlagen stehen Ihnen als JPG für die Bearbeitung in verschiedenen Programmen (z. B. Paint) und als editierbare PowerPoint-Dateien und/oder Word-Dateien zur Verfügung.
Damit können Sie die Vorlagen für verschiedene Themen bzw. zur Differenzierung individuell anpassen.

> Drucken Sie die gewünschte Faltvorlage blanko aus und stellen Sie das Faltelement her. Schreiben Sie anschließend alle Texte bzw. Überschriften per Hand an die gewünschte Stelle. Vermerken Sie, wo und wie ein Bild eingefügt werden soll. Mit dieser Vorlage wissen Sie nun genau, wie die ungefaltete Vorlage aussehen muss.

Editieren mit Word

Aufgrund der besonderen Word-Funktionen stehen Ihnen einige Faltvorlagen als Word-Datei zur Verfügung.

TEXTE BEARBEITEN

Zur Arbeitserleichterung drehen sich die Textfelder beim Anklicken automatisch in Schreibrichtung. Zusammengehörende Textfelder, die beim Öffnen auf einer Seite zu sehen sind oder in einer bestimmten Reihenfolge beschrieben werden, sind so eingestellt, dass der Text automatisch in das nächste Textfeld fließt.
Beginnen Sie z. B. beim Buddybook, im Textfeld auf der ersten Seite zu schreiben. Sobald die Seite voll ist, wird der Text automatisch auf der zweiten Seite fortgeschrieben.
Schriftgröße und Schriftart können Sie wie gewohnt verändern.

BILDER EINFÜGEN

Damit die Bilder ebenfalls in der richtigen Richtung angeordnet sind, fügen Sie diese direkt in das jeweilige Textfeld ein.

➔ Klicken Sie auf die Stelle, an der das Bild im Textfeld eingefügt werden soll.
➔ Klicken Sie auf den Reiter „Einfügen" und „Bilder".
➔ Wählen Sie das gewünschte Bild aus Ihren Dateien aus.

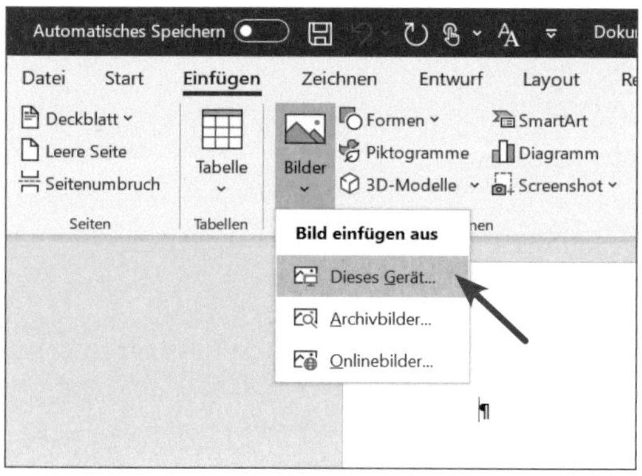

Hinweis:
Die Größe des Bildes können Sie wie gewohnt verändern.

Editieren mit PowerPoint

GRÖSSE VERÄNDERN

Die Größe aller Lapbook- und Notebookvorlagen kann bei Bedarf angepasst werden.

➔ Klicken Sie die Vorlage mit der linken Maustaste an, sodass ein Rahmen erscheint.
➔ Klicken Sie einen Eckpunkt an und halten Sie diesen gedrückt.
➔ Ziehen Sie die Vorlage auf die gewünschte Größe.

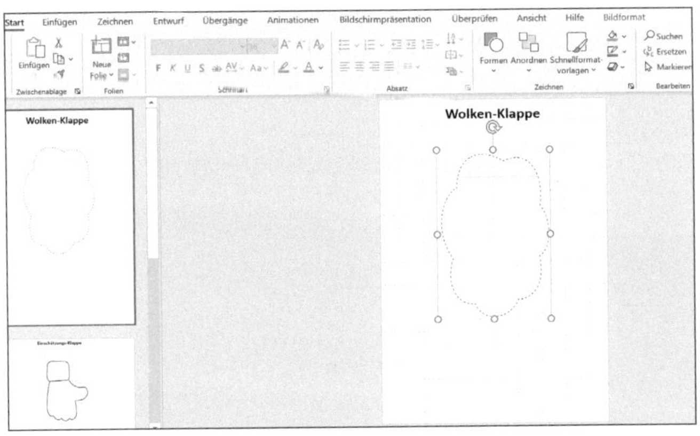

Hinweis:
Die Größe immer im Seitenverhältnis verändern, damit die Faltung noch funktioniert.

TEXTE EINFÜGEN UND BEARBEITEN

Alle Textfelder sind bereits eingefügt und für die richtige Schreibrichtung formatiert. Schriftgröße und -form können Sie wie gewohnt verändern. Zum Schreiben klicken Sie mit der linken Maustaste auf die gewünschte Stelle im Textfeld, damit sich dieses öffnet.

Hinweis:
Für weitere Textfelder klicken Sie auf den Reiter „Einfügen" und „Textfeld". Klicken Sie nun auf die Folie und halten Sie dabei die linke Maustaste gedrückt. Ziehen Sie das Textfeld nach rechts unten, bis die gewünschte Größe erreicht ist. Um hineinzuschreiben, klicken Sie in das Textfeld hinein.

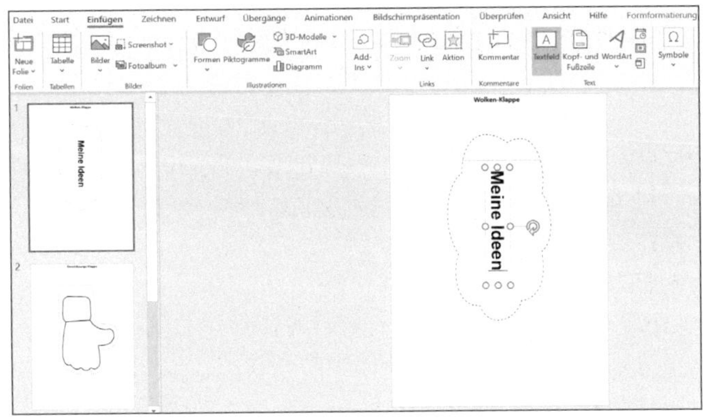

BILDER EINFÜGEN UND BEARBEITEN

➔ Öffnen Sie den Reiter „Einfügen" und „Bilder".
➔ Wählen Sie das gewünschte Bild aus.
➔ Klicken Sie das Bild mit der linken Maustaste an.
➔ Ziehen Sie das Bild an einem seiner Eckpunkte auf die gewünschte Größe.

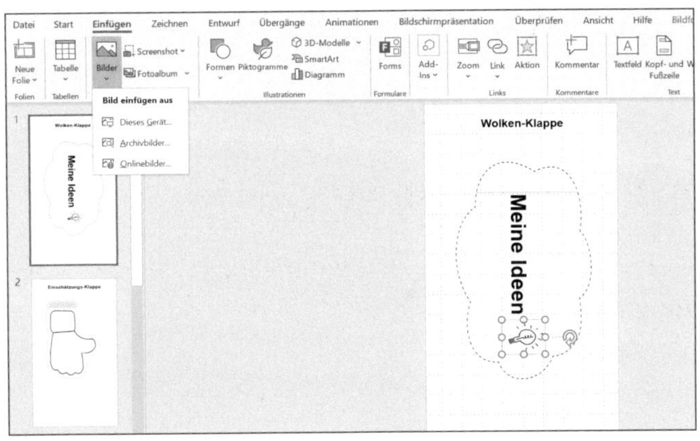

Hinweis:
Bei einigen Vorlagen ist es notwendig, dass Sie die Bilder drehen.

➔ Klicken Sie das Bild an.
➔ Klicken Sie den leicht geöffneten Kreis mit Pfeil am Bildrahmen an und halten Sie diesen gedrückt.
➔ Drehen Sie das Bild, bis die gewünschte Position erreicht ist.

Seiten editieren
In vielen Vorlagen kann sowohl die Vorderseite als auch die Rückseite editiert werden. Duplizieren Sie dafür einfach die jeweilige Folie, damit die Faltvorlagen mit der Vorder- und Rückseite an genau der gleichen Position sind.

➔ Markieren Sie die Folie in der Miniaturansicht.
➔ Mit dem Rechtsklick öffnet sich ein neues Fenster.
➔ Wählen Sie dort den Reiter „Folie duplizieren" aus.

Hinweis:
Sollen Vorlagen doppelseitig gedruckt werden, muss die Vorlage auf der duplizierten Seite gespiegelt werden.

➔ Markieren sie die Vorlage mit Linksklick.
➔ Öffnen Sie den Reiter „Formformat".
➔ Wählen Sie rechts oben „Drehen" und „Horizontal spiegeln" aus.

KOPIERVORLAGEN DRUCKEN

Alle Vorlagen sind bereits auf DIN-A4-Größe eingestellt.

➔ Öffnen Sie den Reiter „Datei" und klicken Sie auf „Drucken".
➔ Wählen Sie in den Einstellungen „Ganzseitige Folie" (eine Folie pro Seite drucken) aus.

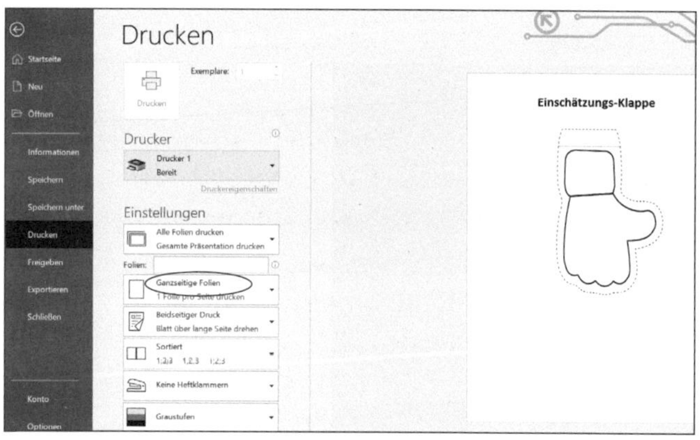

Hinweis:
Sie können im Feld „Folien" einzelne Faltvorlagen mit ihrer Foliennummer eingeben, um nur bestimmte Vorlagen auszudrucken.

Doppelseitiges Drucken

Wenn bei einer Vorlage sowohl die Vorderseite als auch die Rückseite bedruckt werden soll, muss bei den Druckeinstelllungen „doppelseitiges Drucken" ausgewählt werden. Wählen Sie dabei die Option „Blatt über lange Seite drehen".

Bei Druckern ohne die Funktion „Doppeldruck" kann alternativ erst die Vorderseite gedruckt und dann das Blatt erneut eingelegt werden. (Bitte dazu vorher prüfen, wie das Blatt eingelegt werden muss!)

Sollte Ihr Drucker Vorder- und Rückseite nicht gleich skalieren, besteht die Möglichkeit, die Seiten einseitig zu drucken und von den Schüler*innen nach dem Ausschneiden zusammenkleben zu lassen.

Vorbereitung

Überlege, welche Inhalte und Teilthemen dein Faltelement enthalten und wie diese darin angeordnet werden sollen.

Überlege dir, wie viele Teilthemen du präsentieren möchtest. Wähle dazu die passenden Vorlagen aus.

Welche Infos müssen unbedingt enthalten sein?

Herstellen der Faltelemente

Stelle das Faltelement her, bevor du mit dem Beschriften beginnst!

Das bedeuten die Symbole:

Schneidelinie: - - - - - - - - *Faltlinie:* . . . .

Loch für Musterklammer: ○ *Ansatzstelle für das Heftgerät:* _____ *Klebefläche:* //////////

Verwende zum Kleben Leimstifte (keinen Flüssigleim!), um unschöne Flecken zu vermeiden.

Stanze Löcher für Musterklammern mit einem Locher oder einem spitzen Bleistift.

Lege ein Lineal auf die Faltlinie und falte darüber.

Inhalt vor Gestaltung! Trage erst alle wichtigen Informationen zusammen, bevor du mit dem Gestalten beginnst.

Tipps zur Gestaltung deiner Faltelemente

Mache dir eine Skizze, in der du Überschriften, Bilder und Texte strukturiert anordnest.

Gebe den Feldern sinnvolle Teilüberschriften.

Hebe Überschriften/Wichtiges hervor (z. B. durch Farbe oder Größe).

Teste bei Faserstiften zuvor, ob diese durch das Papier drücken.

Arbeite mit Schmierzetteln und schreibe die Texte als Konzept, bevor du sie in die Vorlage schreibst.

Gestalte die Titelseiten als Blickfang und passend zum Thema.

Verwende Farben und Symbole.

Schreibe keinen langen Text. Fasse dich kurz.

Schreibe lesbar!

Name: .... **Klasse:** ....

Thema: ....

Präsentationsmethode: ....

Anzahl der Unterrichtsstunden: .... **Abgabetermin:** ....

Meine Vorüberlegungen:

Das weiß ich schon über das Thema: ....

....

....

Das interessiert mich: ....

....

....

Diese Fragen möchte ich beantworten: ....

....

....

....

Dort finde ich Informationen dazu: ....

....

....

So kann ich mein .... gestalten:

....

....

....

Arbeitsschritt	Inhalt	Geschätzte Arbeitszeit	Fertig bis:	✔

KV Beobachtungsbogen zum Lern- und Arbeitsverhalten

Thema/Unterrichtseinheit: ....

Klasse: .... **Zeitraum/Stundenzahl:** ....

Präsentationsmethode: ....

☺☺ **immer** ☺ **meistens** 😐 **teilweise** ☹ **nie**

Kompetenzbereiche *Der*die Schüler*in …*	… sammelt eigene Informationen und Materialien.	… findet eigene Fragestellungen zum Thema.	… arbeitet selbstständig, planvoll und eigenverantwortlich.	… arbeitet konzentriert und ausdauernd.	… sucht nach Lösungen und gibt bei Problemen nicht auf.	… hält abgesprochene Regeln ein.	… arbeitet bei Gruppenarbeit gut mit anderen zusammen.
Name	**Planungsphase**		**Planungsphase/Erarbeitung**				

Thema: ....

Liebe/lieber ....

Das ist dir schon gut gelungen:

- ✦ ....
- ✦ ....
- ✦ ....

Tipps für die Weiterarbeit:

- ✦ ....
- ✦ ....

....

Datum, Unterschrift

Thema: ....

Liebe/lieber ....

Das ist dir schon gut gelungen:

- ✦ ....
- ✦ ....
- ✦ ....

Tipps für die Weiterarbeit:

- ✦ ....
- ✦ ....

....

Datum, Unterschrift

KV Mitschülerbewertung

Schätze die gezeigten Präsentationsmethoden deiner Mitschülerinnen und Mitschüler ein.

1. **Was gefällt dir am Inhalt oder der Gestaltung besonders gut?**
2. **Überlege dir für jede Mitschülerin und jeden Mitschüler einen Tipp, was sie oder er beim nächsten Mal noch verbessern könnte.**

Name:	Thema/Methode:	Das hat mir gut gefallen:	Mein Tipp:

Didaktisch-methodische Hinweise

Flipbooks sind Hefte zu einem Oberthema, die aufgrund ihrer Faltweise unterschiedlich große Seiten für drei, fünf oder sieben Unterthemen haben. Die Überschriften der Unterthemen sind wie bei einem Register von außen sichtbar. In den aufgeklappten Seiten werden die Teilthemen vorgestellt.

Zeitumfang für Erarbeitung und Gestaltung:
ca. 6–8 Unterrichtsstunden

Themen:
Sachthemen, Merkwissen, Übersichten, Vorbereitung von Leistungsüberprüfungen

➔ 3, 5 oder 7 Teilthemen möglich

Vorbereitung:
- *Flipbooks als Muster anfertigen*
- *Vorlagen ausdrucken und kopieren*

Material:
- *KV Methodensteckbrief Flipbook (PDF)*
- *S. 32–33*
- *KV Flipbook mit 3, 5 und 7 Seiten (JPG, PDF, Word)*
- *KV Bewertungsbogen mit Selbstreflexion (PDF, Word)*

Benötigtes Zusatzmaterial:
- *Kopierpapier DIN A4 mit mind. 120g/m²* *(2–4 je Flipbook)*
- *Heftgerät*
- *evtl. Prospekthülle oder Tonkarton und Locher*

Faltvorlage

Die Faltvorlagen werden ausgeschnitten, gefaltet und treppenartig ineinandergelegt. An der Oberkante werden die Seiten mit einem Heftgerät zusammengeheftet.

Die Vorlagen ermöglichen drei Varianten:
- *mit drei Teilthemen: Vorlage 1–2*
- *mit fünf Teilthemen: Vorlage 1–3*
- *mit sieben Teilthemen: Vorlage 1–4*

Hinweis:
Durch das Erweitern auf fünf bzw. sieben Teilthemen entsteht eine neue Titelseite. Sollte das Flipbook später noch erweitert werden, darf die Titelseite noch nicht gestaltet worden sein.

Damit das Flipbook stabiler ist, Kopierpapier mit einer Grammatur von mind. 120 g/m² verwenden.

Wichtiges zur Herstellung der Faltelemente, S. 8–10

Inhaltliche Gestaltung

REGISTERSEITEN

- *Die Schüler*innen überlegen sich drei, fünf bzw. sieben Teilthemen zu ihrem Thema und erarbeiten sich die Inhalte.*
- *Zu jedem Teilthema wird eine Registerseite gestaltet.*

Je nach Inhalt bieten sich verschiedene Darstellungsformen an:
- *Mindmap, Cluster*
- *Visualisierung durch Sketch-Notes*
- *Akrostichon, ABC-Liste*
- *Comic, Bildergeschichte, Wandzeitung*
- *Rätsel, Geheimschrift, Quiz*
- *Diagramme, Grafiken, Skizzen*

Bei der Gestaltung ist zu beachten, dass auf den unteren Streifen, die beim geschlossenen Flipbook zu sehen sind, die Überschriften der Teilthemen geschrieben werden. Die Inhalte sollten in diesem Bereich nicht zu sehen sein. Die Überschriften sollten groß und ansprechend gestaltet werden.

Hinweis:
Die Registerseiten werden von vorn nach hinten immer größer. Dies sollte bei der Verteilung der Teilthemen im Flipbook beachtet werden. Umfangreichere Teilthemen eignen sich für die letzten Seiten. Eine kurze Definition hingegen eignet sich für die erste Registerseite.

TITELSEITE

Die oberste Registerseite wird als Titelklappe mit einer ansprechenden Überschrift und passenden Bildern bzw. Illustrationen zum Thema gestaltet. Dieser Schritt sollte erst zum Schluss erfolgen, damit eine themenspezifische Gestaltung möglich ist.

Einsatzmöglichkeiten

- *selbstständiges Projekt zu einem Thema*
- ***Nachschlagewerk:** Flipbooks sind bereits inhaltlich vorbereitet und dienen als Nachschlagewerk. Diese können auch durch die Schüler*innen ergänzt werden.*
- *Zusammenfassung des erarbeiteten Wissens als Vorbereitung für eine Leistungsüberprüfung*

Einsatzmöglichkeiten im Unterricht, S. 7–8

Differenzierung

ARBEITSTEMPO

- *Anzahl der zu gestaltenden Registerseiten variieren (drei, fünf oder sieben)*

ARBEITSTECHNIKEN

- *Eigenrecherche oder konkrete Sachtexte für die Erarbeitung des Inhalts*
- *Arbeitsplan zur zeitlichen Einteilung der einzelnen Arbeitsschritte vorgeben oder durch die Schüler*innen selbst anfertigen lassen*

LEISTUNGSNIVEAU

- *Unterschiedliche Schwierigkeitsgrade durch Aufgabenstellung und Impulse*
- *Vorgabe spezieller Darstellungsformen auf den Registerseiten mit entsprechenden Beispielen angeben*
- *Mithilfe der editierbaren Vorlagen können die Registerseiten bereits vorstrukturiert werden. Möglich sind z. B.: Lückentexte, Diagramme, Rätsel, Überblickswissen.*

INTERESSE

Vorgabe der Teilthemen als Pflicht- und Wahlthemen oder einzelne bzw. alle Teilthemen durch die Schüler*innen selbst festlegen lassen.

HERSTELLUNG

Faltvorlage oder komplett eigenes Falten mit leeren DIN-A4-Blättern

KV Methodensteckbrief Flipbook (PDF)

S. 32–33

Differenzierung, S. 11–14

Präsentation

- *Kurzvortrag*
- *Gallery-Walk*
- *Kugellager*
- *Pinnwand*
- *Ausstellung*

Vorteile der Präsentationsmethoden, S. 5

Aufbewahrung

Das Flipbook wird in einer Prospekthülle im Hefter aufbewahrt. Handelt es sich um grundlegendes Überblickswissen, das das gesamte Schuljahr über zum Nachschlagen benutzt werden kann, kann es z. B. bei Pappheftern auf die beiden Innenseiten geklebt werden. An der Faltkante wird ein Tonkartonstreifen angeklebt und zum Einheften gelocht.

Bewertung

Zusätzlich zu den allgemeinen Bewertungskriterien (siehe S. 17–22) können folgende Aspekte berücksichtigt werden:

- *Die Titelklappe wurde thematisch gestaltet.*
- *Die Gliederung der Teilthemen in den einzelnen Registerseiten ist nachvollziehbar/sinnvoll.*
- *Passende Teilüberschriften wurden gewählt und auf den sichtbaren Registerstreifen notiert.*
- *Die Inhalte der Themenseiten wurden anschaulich und mit geeigneten Darstellungsformen umgesetzt.*

KV Bewertungsbogen mit Selbstreflexion (PDF, Word)

Editierbare Vorlagen

Sowohl die Vorderseite als auch die Rückseite der Registerseiten sind editierbar. Die Zuordnung der einzelnen Seiten (Seite oben/Seite unten) befindet sich auf den jeweiligen Registerseiten. Seiten, die beim Öffnen gemeinsam zu sehen sind, sind durch Textfelder verknüpft, sodass der geschriebene Text automatisch von der oberen in die untere Seite weitergeschrieben wird.

KV Flipbook (JPG, Word, PDF)

Editieren mit Word, S. 20

Hinweis:
Das fertig vorbereitete Flipbook muss doppelseitig gedruckt werden.

Doppelseitiges Drucken, S. 22

Was ist ein Flipbook?

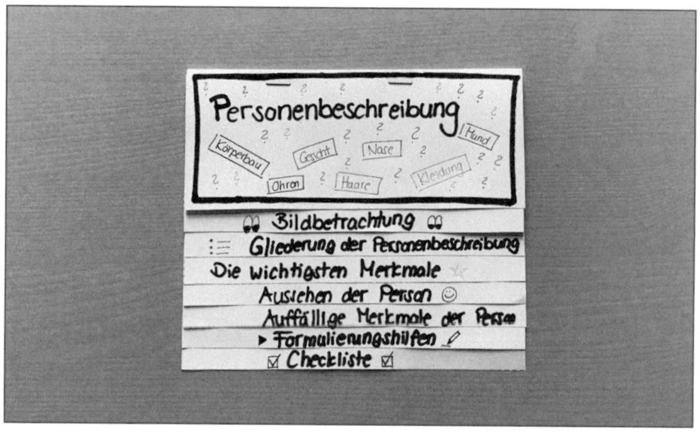

Flipbooks sind Hefte zu einem Oberthema, die aufgrund ihrer Faltweise unterschiedlich große Seiten für drei, fünf oder sieben Unterthemen haben. Die Überschriften der Unterhemen sind wie bei einem Register von außen sichtbar. In den aufgeklappten Seiten werden die Informationen zu je einem Teilthema festgehalten.

Dieses Material benötigst du:

+ *Kopiervorlage Flipbook 1–4 oder 4 DIN-A4-Blätter*
+ *Schere, Heftgerät*

SO STELLST DU DEIN FLIPBOOK MIT EINER FALTVORLAGE HER:

① Entscheide, ob du ein Flipbook mit drei, fünf oder sieben Registerseiten erstellen möchtest, und schneide diese Vorlagen aus.

② Falte alle Seiten an den Faltlinien.

③ Lege die Innenseiten so ineinander, dass eine Treppe entsteht.

④ Hefte das Flipbook an der oberen Kante mit einem Heftgerät zusammen.

SO STELLST DU DEIN FLIPBOOK SELBST HER:

① Miss an jeder Unterkante 2,5 cm ab und ziehe mit Lineal und Bleistift eine Linie.

② Lege die Seiten an den Bleistiftlinien stufenartig übereinander.

③ Halte die Blätter an der Unterseite fest und biege die Seiten von oben, bis der obere Blattrand an der letzten Bleistiftlinie anliegt.

④ Falte die Seiten in dieser Position zusammen und hefte das Flipbook an der oberen Kante mit einem Heftgerät zusammen.

SO GESTALTEST DU DEIN FLIPBOOK:

Überlege dir drei, fünf oder sieben Teilthemen.

- ✦ *Überlege, welche Registerseite sich für welches Teilthema eignet und wie du den Inhalt umsetzen möchtest.*
- ✦ *Wie möchtest du Text und Bilder anordnen? Entwirf für jedes Teilthema ein Konzept auf einem Extrablatt.*
- ✦ *Gestalte die Themenseiten mit Illustrationen oder Bildern.*
- ✦ *Schreibe das Teilthema auf den sichtbaren Streifen der Themenseite.*

Gestalte die Titelseite.

- ✦ *Nutze die oberste Klappe, um dein Thema zu visualisieren. Denke an die Überschrift und deinen Namen.*

IDEENBÖRSE DEINER THEMENSEITEN:

- ✦ *Lege eine Mindmap/ein Cluster an.*
- ✦ *Schreibe einen Lexikoneintrag.*
- ✦ *Visualisiere den Inhalt mit Sketch-Notes.*
- ✦ *Schreibe ein Akrostichon zum Teilthema und erkläre die Begriffe.*
- ✦ *Sammle in einer ABC-Liste wichtige Begriffe zum Thema und definiere diese kurz.*
- ✦ *Entwirf und zeichne einen Comic oder eine Bildergeschichte.*
- ✦ *Gestalte die Seite als Wandzeitung.*
- ✦ *Denke dir ein Quiz, ein Rätsel oder eine passende Geheimschrift aus.*
- ✦ *Zeichne passende Grafiken oder Skizzen.*
- ✦ *Erstelle anschauliche Diagramme.*

Quadrama

Didaktisch-methodische Hinweise

Ein Quadrama ist eine nach vier Seiten offene Pyramide, die zur Präsentation aufgestellt wird, aber komplett zusammenklappbar ist. Die einzelnen Fenster strukturieren das Thema in vier Unterthemen. Dabei ist jede Seite eine besondere „Schaufläche", die den Inhalt mit Text und Bild dreidimensional präsentiert.

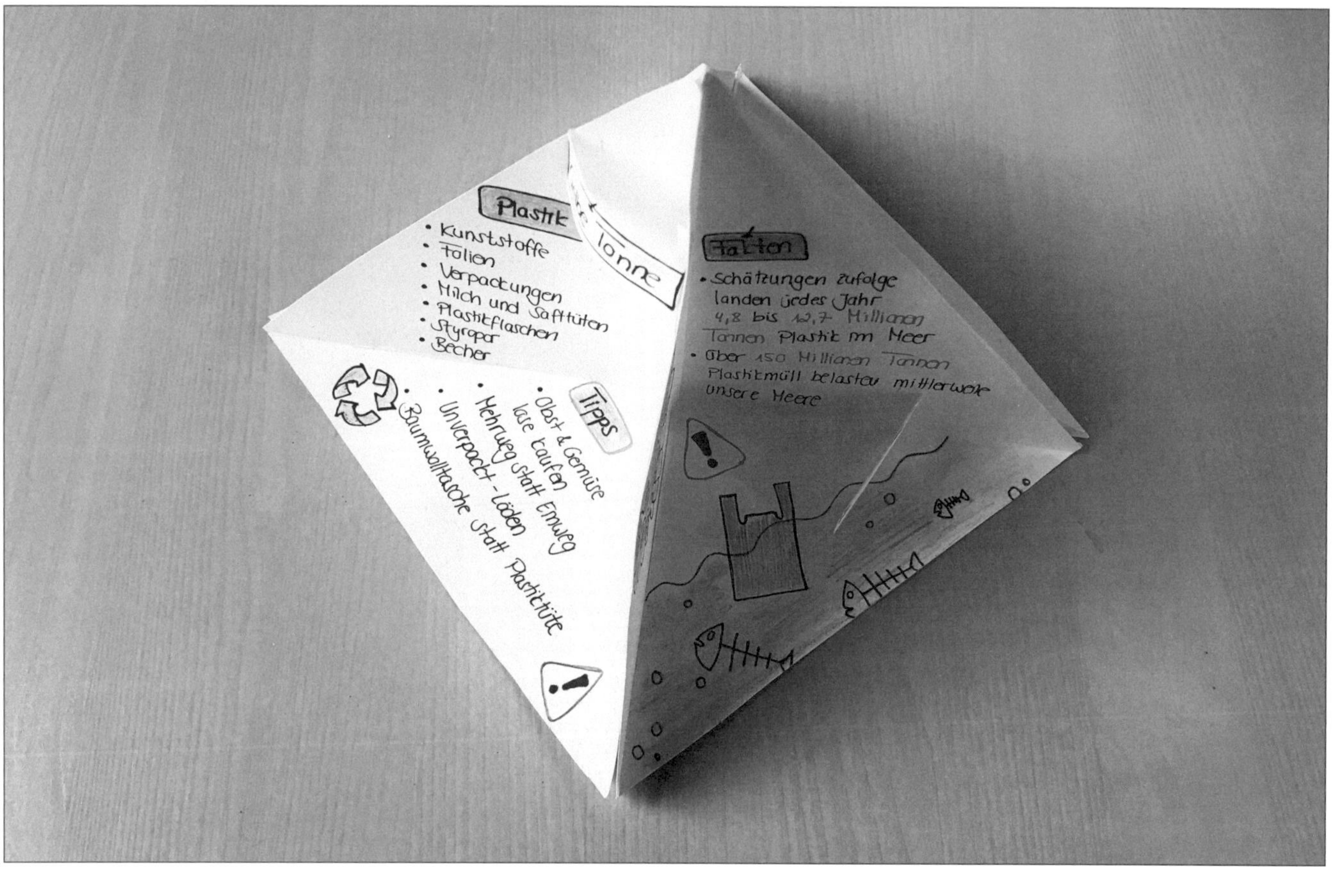

Zeitumfang für Erarbeitung und Gestaltung:

3–4 Unterrichtsstunden

Themen:

Themen mit bis zu vier Schwerpunkten, Vorstellen einer Geschichte, Darstellen eines Zyklus, Gestalten von Räumen und Orten.

Vorbereitung:

- *Quadrama als Muster anfertigen*
- *Vorlagen ausdrucken und kopieren (4-mal je Schüler*in)*

Material:

- *KV Methodensteckbrief Quadrama (PDF)*
- *S. 37–38*
- *KV Quadrama (JPG, PowerPoint, PDF)*
- *KV Bewertungsbogen mit Selbstreflexion (PDF, Word)*

Benötigtes Zusatzmaterial:

- *Büroklammern oder kleine Deko-Holzklammern*
- *evtl. Prospekthülle oder DIN-A5-Briefumschlag*

Faltvorlage

Für ein Quadrama werden bis zu vier Schauflächen angefertigt. Für jede Schaufläche wird eine KV „Quadrama" benötigt. Die fertigen Schaufenster werden jeweils mit einer Seite aufeinandergeklebt.

Wird das Quadrama geöffnet, entstehen die dreidimensionalen Schauflächen. Durch das zusätzliche Falten der Böden kann das fertige Quadrama komplett zusammengefaltet werden.

Hinweise:

- *Auf der KV befinden sich ebenfalls Vorlagen, um die Teilüberschriften bzw. Bilder als Pop-Up zu gestalten.*
- *Das Quadrama sollte erst nach der inhaltlichen Gestaltung zusammengeklebt werden.*

Wichtiges zur Herstellung der Faltelemente, S. 8–10

Inhaltliche Gestaltung

SCHAUFLÄCHEN

- *Die Schüler*innen überlegen sich bis zu vier Unterthemen zu ihrem Thema, erarbeiten sich die Inhalte und suchen dazu passende Bilder bzw. Schaubilder aus.*
- *Zu jedem Teilthema gestalten die Schüler*innen eine Schaufläche mit Bildern, Zeichnungen und passenden Texten.*
- *Durch Pop-Up-Elemente können weitere 3-D-Effekte eingearbeitet werden.*

Durch das 3D-Format können sehr gut Räume/Orte dargestellt werden.

TITELSEITE

Im zusammengeklappten Zustand kann eine der beiden Rückseiten als Titelseite gestaltet werden.

Das Quadrama nicht im aufgestellten Zustand zusammenkleben, damit es wieder zusammengefaltet werden kann. Zum Aufstellen eignen sich Büroklammern oder kleine Deko-Holzklammern, mit denen das Quadrama zusammengehalten wird. Alternativ können die beiden Flächen auch gelocht und jeweils mit einem Faden versehen werden, der zum Aufstellen zusammengebunden wird. Damit kann auch das geschlossene Quadrama mit einer Schleife zugebunden werden.

Differenzierung

ARBEITSTEMPO

Anzahl der zu gestaltenden Schauflächen variieren (1–4).

ARBEITSTECHNIKEN

- *Eigenrecherche oder konkrete Sachtexte für die Erarbeitung des Inhalts*

LEISTUNGSNIVEAU

Unterschiedliche Schwierigkeitsgrade durch Aufgabenstellung und Impulse, z. B.:

- *vorgegebene Schwerpunkte für die einzelnen Teilthemen*

INTERESSE

- *Vorgabe der Teilthemen als Pflicht- und Wahlthemen*
- *einzelne bzw. alle Teilthemen durch die Schüler*innen selbst festlegen lassen*

HERSTELLEN DER FALTELEMENTE

- *Anfertigung der einzelnen Schauflächen mithilfe der KV oder selbst gefalteten Quadrate (siehe Methodensteckbrief)*

Differenzierung, S. 11–14

Einsatzmöglichkeiten

- *Die Quadramas werden komplett während einer selbstständigen Arbeitsphase zu einem vorgegebenen Thema erstellt.*
- *Das Quadrama wird im Anschluss an eine Unterrichtseinheit als Zusammenfassung eines Themas gestaltet.*

Präsentation

- *Kurzvortrag*
- *Gallery-Walk*
- *Ausstellung*

Vorteile der Präsentationsmethoden, S. 5

Aufbewahrung

Das Quadrama wird geschlossen in einer Prospekthülle oder einem gelochten DIN-A5-Briefumschlag im Hefter eingeheftet. Alternativ kann die Rückseite des Quadramas auch auf eine Seite geklebt und eingeheftet werden.

Bewertung

Zusätzlich zu den allgemeinen Bewertungskriterien können folgende Aspekte bei der Bewertung berücksichtigt werden:

- *Es wurden passende Teilthemen ausgewählt.*
- *Die Inhalte wurden bildlich/dreidimensional dargestellt und mit passenden Texten versehen.*
- *Es wurden passende Teilüberschriften für jede Schaufläche gewählt und gestaltet.*

KV Bewertungsbogen mit Selbstreflexion (PDF, Word)

Bewertungsmöglichkeiten, S. 16–22

Editierbare Faltvorlagen

Es können alle drei Seiten einer Schaufläche editiert werden.

KV Faltvorlage Quadrama (PowerPoint)

Editieren mit PowerPoint, S. 21–22

Variante

Für ein größeres Quadrama die Quadrama-Vorlage auf DIN A3 kopieren oder aus einem Papierquadrat von 29,7 cm x 29,7 cm (aus einem DIN-A3-Blatt) herstellen.

Was ist ein Quadrama?

Ein Quadrama ist eine Pyramide mit vier Schauflächen, in denen du dein Thema dreidimensional präsentieren kannst. Die Pyramide kannst du zum Aufbewahren ganz einfach zusammenklappen.

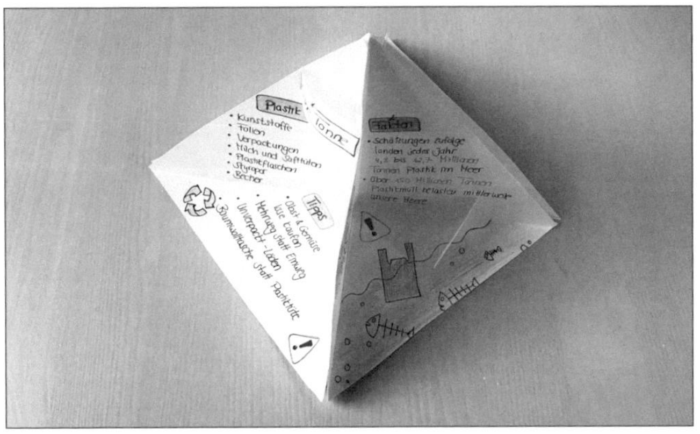

Dieses Material benötigst du:

- *4 x Kopiervorlage Quadrama oder 4 quadratische Papiere (ca. 20 x 20 cm)*
- *Klebestift, Schere*
- *Buntstifte*
- *Büroklammern oder kleine Holzdekoklammern*

SO STELLST DU DEIN QUADRAMA HER:

① Verwende eine Faltvorlage oder ein Papierquadrat (ca. 20 x 20 cm).

② Falte die rechte Ecke eines Quadrats zur linken unteren Ecke und umgekehrt.

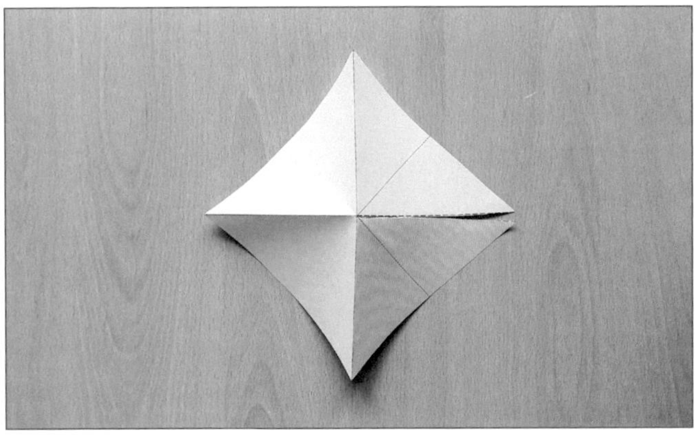

③ Falte wieder auf. Schneide eine bzw. die dicke Faltlinie ein: zur linken unteren Ecke und umgekehrt.

④ Drehe das Quadrat um und falte beide Seiten der Schnittkante bis zur Faltkante.

⑤ Falte wieder auf. Schiebe die unteren Dreiecke an der Schnittkante übereinander und klebe sie fest.

⑥ Schließe das Feld. Achte darauf, dass der Boden automatisch nach oben gefaltet wird.

⑦ Falte drei weitere Felder und klebe sie aufeinander zusammen.

⑧ Öffne dein Quadrama und hefte es zum Stehen mit einer Büroklammer zusammen. Geschlossen kannst du es in einer Prospekthülle im Hefter aufbewahren.

⑨ Du kannst Pop-Up-Elemente, wie Banner oder Bilder, in dein Quadrama einbauen. Klebe dazu das Banner mit den Klebeflächen an die linke und rechte Seite des Feldes an. Falte das Quadrama zusammen und achte darauf, dass das Banner nach innen gefaltet wird.

SO GESTALTEST DU DEIN QUADRAMA:

Wichtig: Gestalte und beschrifte erst alle Felder deines Quadramas, bevor du es zusammenklebst!

Gestalte die einzelnen Schauflächen deines Quadramas.

Überlege, welche Teilthemen du in den Schauflächen darstellen möchtest. Es sind eine, zwei, drei oder vier Schauflächen möglich.

- *Schreibe kurze Texte, füge Zeichnungen oder Bilder ein.*
- *Gestalte die Felder durch die 3D-Perspektive räumlich.*
- *Denke bei jedem Feld an eine Teilüberschrift (z. B. Pop-Up-Banner).*

Gestalte die Titelseite deines Quadramas.

Nutze dazu eine Seite des fertig geklebten, geschlossenen Quadramas.

Didaktisch-methodische Hinweise

Das Buddybook ist ein kleines, aus einer Seite gefaltetes Buch mit acht Seiten im Hosentaschenformat, in das die Schüler*innen ihre Ergebnisse, ihre Überlegungen bzw. wichtige Informationen mit bis zu sieben Teilthemen schreiben können.

Zeitumfang für Erarbeitung und Gestaltung:
1–2 Unterrichtstunden bzw. während einer Unterrichtseinheit

Themen:
Vokabelheft, Formelsammlung, Lerntagebuch, Reflexionsheft, Notizbuch, Stichwortheft, Protokollheft, Steckbriefe, Darstellung eines Sachthemas, „Spickzettel".

Vorbereitung:
✦ *Buddybook als Muster anfertigen*
✦ *Vorlagen ausdrucken und kopieren (je Schüler*in einmal kopieren)*

Material:

- *KV Methodensteckbrief Buddybook*
- *S. 43–44*
- *KV Buddybook mit Klebefläche Einzelseite (JPG, Word, PDF, PowerPoint)*
- *KV Buddybook ohne Klebefläche Einzelseite (JPG, Word, PDF, PowerPoint)*
- *KV Buddybook mit Klebefläche Reihenfolge (Word)*
- *KV Buddybook ohne Klebefläche Reihenfolge (Word)*
- *KV Bewertungsbogen mit Selbstreflexion (PDF, Word)*

Benötigtes Zusatzmaterial:
✦ *evtl. Briefumschlag*

Faltvorlage

Mithilfe der Faltvorlage entsteht ein kleines Büchlein im DIN-A7-Format, das ohne zusätzliches Material gebunden wird. Es muss lediglich geschnitten und gefaltet werden.

Soll das Buddybook aufgeklebt werden, verwenden Sie die KV Buddybook mit Klebefläche. Bei der zweiten Variante ohne Klebefläche kann ebenfalls die Rückseite gestaltet werden.

Wichtiges zur Herstellung der Faltelemente, S. 8–10

Inhaltliche Gestaltung

INNENSEITEN

Bei einem Buddybook mit Klebefläche können bis zu sechs und bei einen Buddybook ohne Klebefläche bis zu sieben Teilthemen gestaltet werden.
Jedes Teilthema kann dabei auf einer Einzelseite oder einer Doppelseite angeordnet werden.

Die Schüler*innen überlegen sich die entsprechende Anzahl an Teilthemen und formulieren diese kurz und knapp.
Zur Visualisierung können Zeichnungen oder Piktogramme ergänzt werden.

TITELSEITE

Als Titelseite wird die Vorderseite des Buches passend zum Thema gestaltet.

Differenzierung

ARBEITSTEMPO

Für mehr Teilthemen kann auf die Rückseite des Buddybooks ein zweites Buddybook geklebt werden, sodass ein Heft mit 14 Seiten entsteht.

ARBEITSTECHNIKEN

- *Eigenrecherche oder konkrete Sachtexte für die Erarbeitung des Inhalts vorgeben*

LEISTUNGSNIVEAU

Unterschiedliche Schwierigkeitsgrade durch Aufgabenstellung und Impulse vorgeben, z. B.:
- *durch Vorgabe von Überschriften*
- *Abbildungen*
- *Lückentexte*
- *Merksätzen oder Beispiele*

INTERESSE

Vorgabe der Teilthemen in Pflicht- und Wahlthemen oder einzelne bzw. alle Teilthemen durch die Schüler*innen selbst festlegen lassen

HERSTELLUNG

- *fertig gefaltetes Buddybook als Muster auslegen*
- *Das Buddybook kann auch mithilfe der Faltanleitung ohne die Faltvorlage gefaltet werden.*
- *Layoutvorlagen, wie Rahmen, Linien oder Vokabelseiten der editierbaren Vorlagen, erleichtern das Anordnen der Informationen auf den einzelnen Seiten des Buddybooks.*

Differenzierung, S. 11–14

Einsatzmöglichkeiten

Die Schüler*innen fertigen am Ende einer Unterrichtseinheit ein Buddybook als „Spickzettel" für eine Leistungsüberprüfung an. Dazu fassen sie den notwendigen Lernstoff so kurz wie möglich zusammen.

Die Schüler*innen legen unterrichtsbegleitend ein Lexikon an, in dem sie wichtige Fachwörter/Formeln notieren oder ein Vokabelheft zu einem Wortschatzthema führen.

Das Buddybook wird als Lerntagebuch geführt, indem die Schüler*innen ihr eigenes Lernen mithilfe von Impulsfragen reflektieren.

Die Schüler*innen erarbeiten ein Thema und halten wichtige (Textkürzung für S. 42) Informationen in ihrem Buddybook fest.

Aufgrund des Hosentaschenformats bietet sich ein Buddybook auch als kleines Notizbuch zum Mitnehmen auf Unterrichtsgängen an. Es kann leicht in der Hosentasche verstaut und bei Bedarf herausgenommen werden, um z. B. Beobachtungen zu protokollieren.

Das Buddybook wird als Stichwortheft für einen Kurzvortrag erarbeitet.

Die Schüler*innen gestalten in ihrem Buddybook einen selbst geschriebenen Text. Dazu können sie auch die digitale Vorlage nutzen.

Einsatzmöglichkeiten, S. 7–10

Präsentation

- *Vorlage Kurzvortrag*
- *Gallery-Walk*
- *Kugellager*
- *Ausstellung*

Vorteile der Präsentationsmethoden, S. 5

Aufbewahrung

Mehrere Hefte werden in einem Briefumschlag aufbewahrt, der auf eine Innenseite des Hefters geklebt oder in den Hefter eingeheftet wird. Bei Pappheftern können mehrere Buddybooks auch als kleine Merkhefte mit der Klebefläche auf die Innenseiten geklebt werden.

Buddybooks mit wichtigem Fachwissen bzw. Anleitungen werden griffbereit in der Federmappe aufbewahrt.

Bewertung

Zusätzlich zu den allgemeinen Bewertungskriterien (siehe S. 17–22) können folgende Aspekte berücksichtigt werden:

- *Es wurden passende Teilthemen ausgewählt*
- *Die Teilthemen wurden übersichtlich auf einer Einzel- bzw. Doppelseite angeordnet.*
- *In den Texten wurden die wesentlichen Inhalte knapp wiedergegeben.*
- *Es wurden Symbole zur Visualisierung genutzt.*

KV Bewertungsbogen mit Selbstreflexion (PDF, Word)

Editierbare Faltvorlagen

Der Vorteil des Buddybooks liegt darin, dass am PC alle sichtbaren Seiten auf einer DIN-A4-Seite editiert werden können.

Die Textfelder der Buddybooks sind so vorbereitet, dass sie sich automatisch in Schreibrichtung drehen. Die editierbaren Vorlagen sind jeweils einmal mit und ohne Klebefläche vorhanden.

Variante „Reihenfolge"

Bei dieser Variante wird ein langer Text automatisch auf die einzelnen Seiten in der richtigen Reihenfolge verteilt. Dies ist z. B. bei dem Einfügen von fortlaufenden Texten oder der Gestaltung von Doppelseiten von Vorteil.

KV Buddybook mit Klebefläche Reihenfolge (Word)

KV Buddybook ohne Klebefläche Reihenfolge (Word)

Variante „Einzelseiten"

Bei dieser Variante können alle Seiten einzeln editiert werden.

KV Buddybook mit Klebefläche Einzelseite (Word)

KV Buddybook ohne Klebefläche Einzelseite (Word)

Editieren mit Word, S. 20

VARIANTEN

- *Die Faltvorlage kann auf DIN-A3-Format vergrößert werden, um ein Heft mit größeren Seiten zu erhalten.*
- *Zwei Buddybooks werden zusammengeklebt. Es entsteht ein Heft mit 14 Seiten.*

Was ist ein Buddybook?

Ein Buddybook ist ein kleines Buch im Hosentaschenfomat mit insgesamt acht Seiten, in das du Ergebnisse, Überlegungen oder wichtige Informationen schreiben kannst.

Dieses Material benötigst du:

- ✦ *Kopiervorlage Buddybook oder 1 DIN-A4-Blatt*
- ✦ *Schere*

SO STELLST DU DEIN BUDDYBOOK HER:

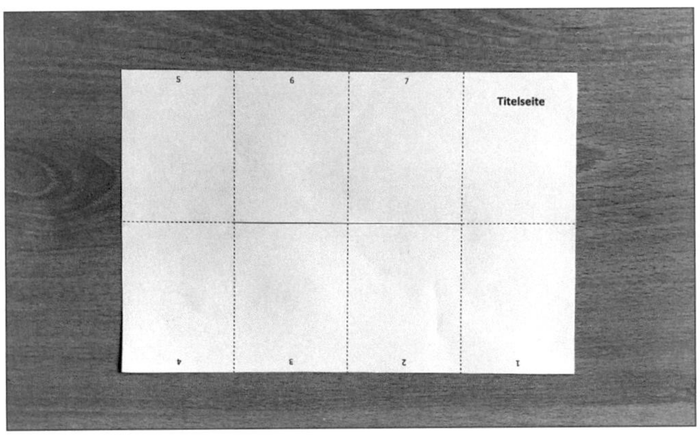

① Schneide die Kopiervorlage aus oder verwende ein leeres weißes Blatt.

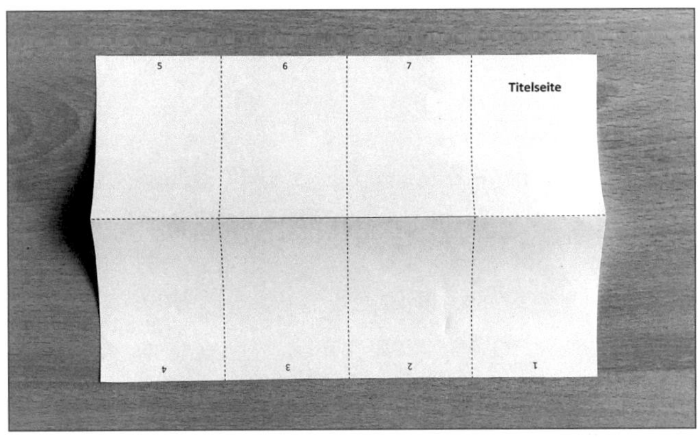

② Falte das Blatt (an der Faltlinie) längs und falte es wieder auf.

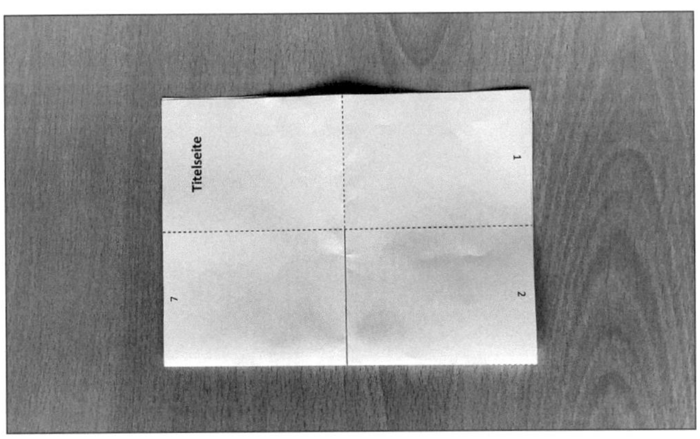

③ Falte das Blatt (an der Faltlinie) quer. Falte nun die beiden Seiten (an den Faltlinien) nach außen und wieder zurück.

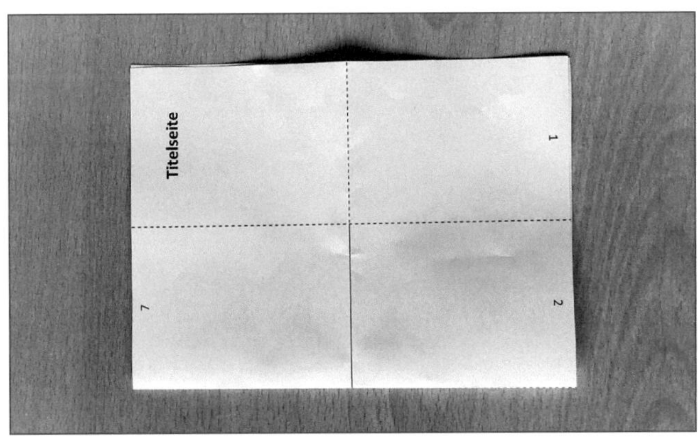

④ Schneide nun das Blatt an der geschlossenen Seite (dicke Schneidelinie) bis zur Mitte ein.

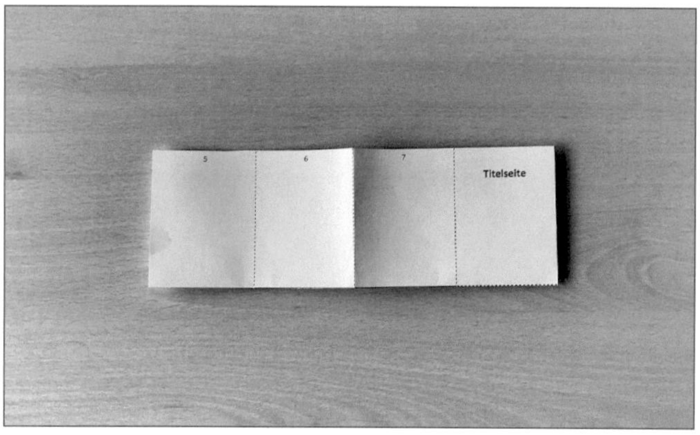

⑤ Falte alles wieder auf und falte das Blatt wieder längs.

⑥ Wenn du das Buch von oben ansiehst, siehst du die aufgeschnittene Mitte. Fasse es an den Seiten zusammen und schiebe es zur Mitte zusammen.

⑦ Es ist ein Stern entstanden. Falte diesen, sodass ein Buch entsteht.

Klebe zwei Bücher zusammen, um ein Buch mit mehr Seiten zu bekommen.

SO GESTALTEST DU DEIN BUDDYBOOK:

Gestalte jeweils ein Teilthema deines Themas als Einzel- oder Doppelseite.

- *Notiere die Teilüberschrift.*
- *Überlege, wie du die Inhalte des Teilthemas kurz formulieren und anordnen kannst.*
- *Visualisiere durch passende Piktogramme oder Zeichnungen.*

Gestalte die Vorderseite als Titelseite.

- *Notiere das Thema und deinen Namen.*

Didaktisch-methodische Hinweise

Ein Pop-Up-Buch ist ein Buch, in dem sich beim Öffnen bzw. Umblättern der Seiten einzelne Bildelemente automatisch aufrichten. Diese Mechanik ermöglicht es, bestimmte Bildelemente besonders hervorzuheben und in den Mittelpunkt zu stellen. Je nach Umfang der Teilthemen werden mehrere Pop-Up-Seiten zu einem Buch zusammengeklebt.

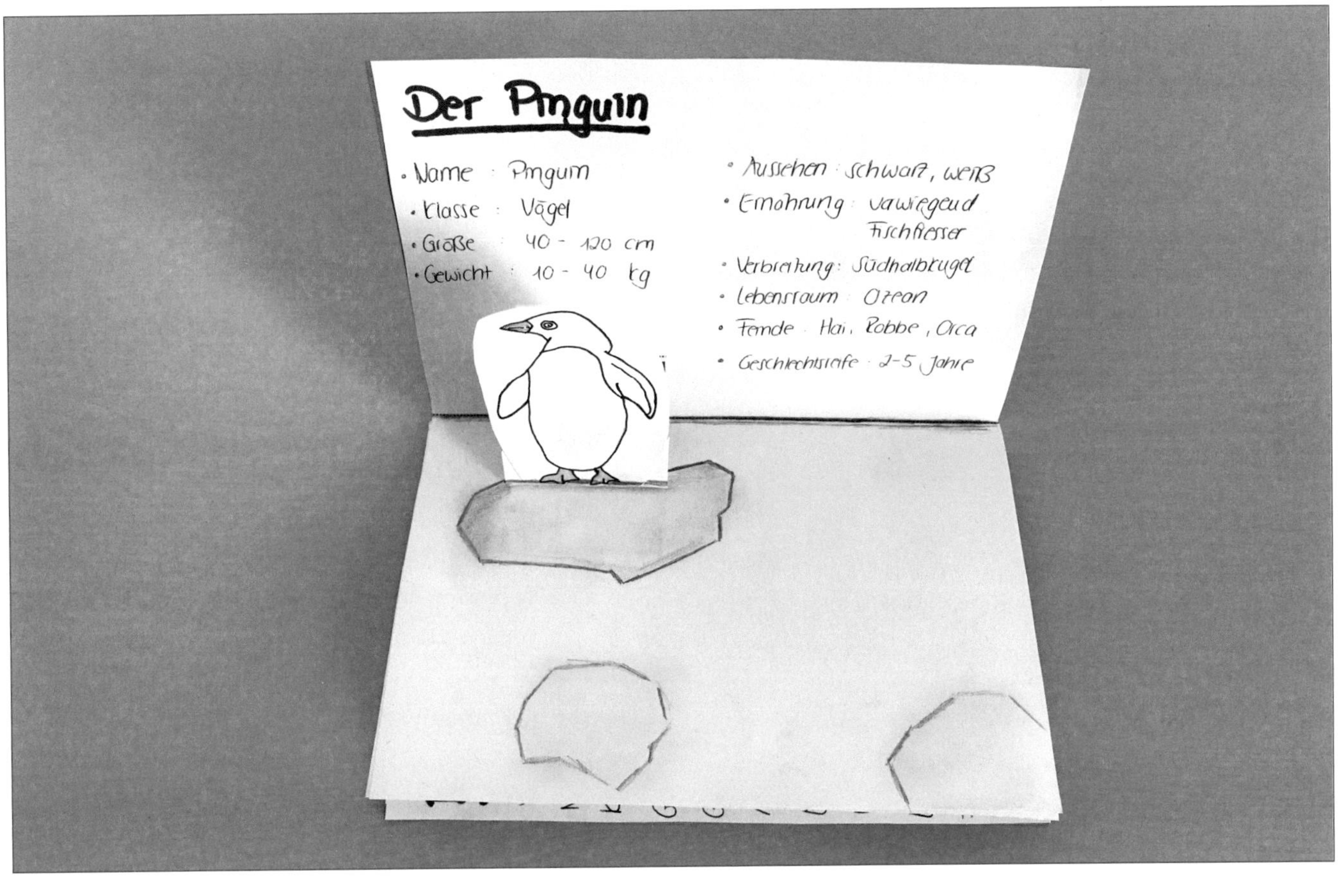

Zeitumfang für Erarbeitung und Gestaltung:
3–4 Unterrichtsstunden, abhängig vom Umfang

Themen:
Steckbriefe, Geschichten, alle Sachthemen

Vorbereitung:
- *Pop-Up-Buch als Muster anfertigen*
- *Faltvorlagen ausdrucken und je Schüler*in mindestens eine Vorlage mit einem Pop-Up-Bild und zwei Pop-Up-Bildern kopieren*

Material:

KV Methodensteckbrief Pop-Up-Buch (PDF)

S. 48–49

KV Pop-Up-Seite für 1 Bildelement links (JPG, PowerPoint, PDF)

KV Pop-Up-Seite für 1 Bildelement rechts (JPG, PowerPoint, PDF)

KV Pop-Up-Seite für 2 Bildelemente (JPG, PowerPoint, PDF)

KV Bewertungsbogen mit Selbstreflexion (PDF, Word)

Benötigtes Zusatzmaterial:
- *je Pop-Up-Buch ein weißes oder farbiges DIN-A4-Papier, besser Tonkarton*
- *evtl. Prospekthülle oder gelochter DIN-A5-Briefumschlag*

Faltvorlage

Zur Herstellung des Pop-Up-Buches werden mindestens zwei Seiten mit einem bzw. zwei Pop-Up-Bildern gestaltet. Beim Öffnen der Seiten stellen sich die Bilder automatisch auf. Durch das Aufeinanderkleben mehrerer Pop-Up-Seiten entsteht ein Buch. Dabei ist darauf zu achten, dass der Bildstreifen für das jeweilige Pop-Up-Bild nicht mit festgeklebt werden darf.

Hinweis:
Als Pop-Up-Bilder können beliebige Abbildungen auf die Bildhalter geklebt werden. Die Pop-Up-Bilder dürfen dabei nicht höher als 8,5 cm sein, damit diese aus dem geschlossenen Buch nicht herausschauen.

> Je tiefer die Bildhalter eingeschnitten werden, desto weiter steht das Pop-Up-Bild beim späteren Öffnen in den Raum.

Als Umschlag wird ein gefaltetes DIN-A4-Blatt bzw. gefalteter Tonkarton (weiß oder farbig) mittig gefaltet und um das fertige Pop-Up-Buch geklebt. Anschließend wird der Umschlag auf die passende Größe zugeschnitten.

> Die Blankovorlage Pop-Up-Buch mit einem Bildelement kann bei Bedarf gedreht werden, sodass das Pop-Up-Bild auf der rechten Seite angebracht werden kann.

Wichtiges zur Herstellung der Faltelemente, S. 8–10

Inhaltliche Gestaltung

POP-UP-SEITEN

Zu jedem Teilthema wird eine Seite des Buchs gestaltet. Dabei können ein oder zwei Bildelemente mithilfe der KVs hervorgehoben werden.
Die Schüler*innen erarbeiten sich die Teilthemen und wählen zu jedem Thema ein bzw. passende Bildelemente aus, die das Teilthema präsentieren.

Die Schüler*innen verfassen ihre Texte zum Thema und notieren diese auf den freien Flächen.
Die Texte können auch aufgeklebt werden.
Jede Seite erhält eine eigene Teilüberschrift.

TITELSEITE

Der Umschlag der Titelseite wird mit dem Thema und dem Namen der Schüler*in beschriftet.

Differenzierung

ARBEITSTEMPO

Die Anzahl der zu gestaltenden Pop-Up-Seiten kann auch während des Arbeitsprozesses individuell variiert werden.

ARBEITSTECHNIKEN

- *Eigenrecherche oder konkrete Sachtexte für die Erarbeitung des Inhalts*
- *Vorgabe der geforderten Bildelemente*

LEISTUNGSNIVEAU

Unterschiedliche Schwierigkeitsgrade durch Aufgabenstellung und Impulse, z. B.:
- *Vorgabe von Überschriften, Abbildungen, Lückentexten, Merksätzen …*

INTERESSE

Vorgabe der Teilthemen als Pflicht- und Wahlthemen, es ist auch möglich einzelne bzw. alle Teilthemen durch die Schüler*innen selbst festlegen zu lassen.

HERSTELLUNG

Fertig gefaltetes Pop-Up-Buch als Muster.
Analog zum Methodensteckbrief können weitere Pop-Up-Seiten aus Blankopapier hergestellt werden. Texte können vorgeschrieben und fertig eingeklebt werden. Das Arbeiten mit Lineaturen ist möglich.

Differenzierung, S. 11–14

Einsatzmöglichkeiten

Die Schüler*innen gestalten ihr Pop-Up-Buch als selbstständiges Projekt zu einem Thema und erarbeiten sich die Inhalte selbst.
Das Pop-Up-Buch wird im Anschluss an eine Unterrichtseinheit als Zusammenfassung zum Thema erstellt.

Einsatzmöglichkeiten, S. 7–8

Präsentation

- *Gallery-Walk*
- *Kugellager*
- *Ausstellung*
- *Kurvortrag*

Vorteile der Präsentationsmethoden, S. 5

Aufbewahrung

Das Pop-Up-Buch wird mit der Rückseite aufgeklebt und eingeheftet oder in einer Prospekthülle bzw. in einem gelochten Briefumschlag im Hefter aufbewahrt.

Bewertung

Zusätzlich zu den allgemeinen Bewertungskriterien (siehe S. 16–19) können folgende Aspekte berücksichtigt werden:

- *Es wurden passende Teilthemen ausgewählt.*
- *Es wurden charakteristische Bildelemente für das jeweilige Teilthema ausgewählt und präsentiert.*
- *Es wurden die wesentlichen Inhalte zum Bild notiert.*

KV Bewertungsbogen mit Selbstreflexion (PDF, Word)

Editierbare Faltvorlagen

In der PowerPoint-Datei können sowohl die obere als auch die untere Seite des Pop-Ups mithilfe der Textfelder editiert werden.

Beim Editieren muss darauf geachtet werden, dass die später angeklebten Pop-Up-Bilder den Text nicht verdecken bzw. beim Schließen aus den Seiten herausragen. Als Lückenhalter kann hierzu das Bild bzw. eine Autoform in der entsprechenden Größe eingefügt werden. Dieses muss mit der Unterseite auf die obere Faltlinie des Bildhalters angeordnet werden und darf nicht über den oberen Rand der Seite hinausschauen.

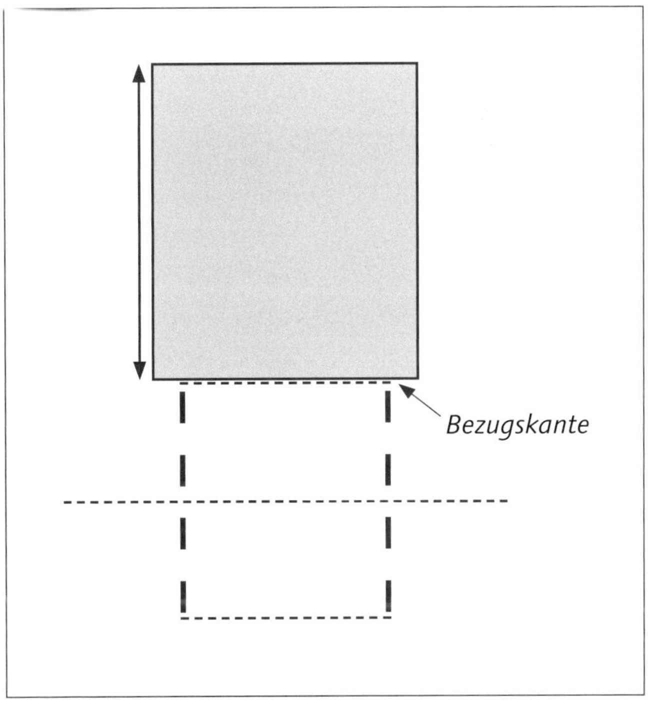

Die graue Fläche würde bei einem Bild von 8,5 cm x 7 cm später vom aufgestellten Pop-Up verdeckt werden.

Sollen neben dem Text auch Pop-Up-Bilder vorgegeben werden, müssen diese auf einem Extrablatt abgedruckt werden.

KV Pop-Up-Seite für 1 Bildelement links

KV Pop-Up-Seite für 1 Bildelement rechts

KV Pop-Up-Seite mit 2 Bildelemente

Editieren mit PowerPoint, S. 21–22

Was ist ein Pop-Up-Buch?

Ein Pop-Up-Buch ist ein Buch, in dem sich einzelne Bildelemente automatisch aufrichten, wenn du das Buch öffnest. Auf diese Weise werden die Bildelemente in den Mittelpunkt gestellt und stark hervorgehoben. Auf den Seiten stehen außerdem erklärende Texte zu den Bildern.

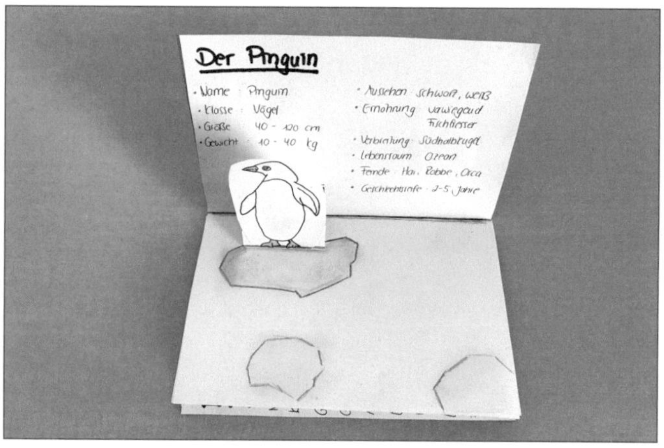

Dieses Material benötigst du:

- *Kopiervorlagen Pop-Up-Buch*
- *1 DIN-A4-Bogen weißen oder farbigen Tonkarton, Bilder oder eigene Illustrationen*
- *Klebestift, Schere*

SO STELLST DU EIN POP-UP-BUCH HER:

① Schneide die Vorlage für eine Pop-Up-Seite aus und falte sie nach außen.

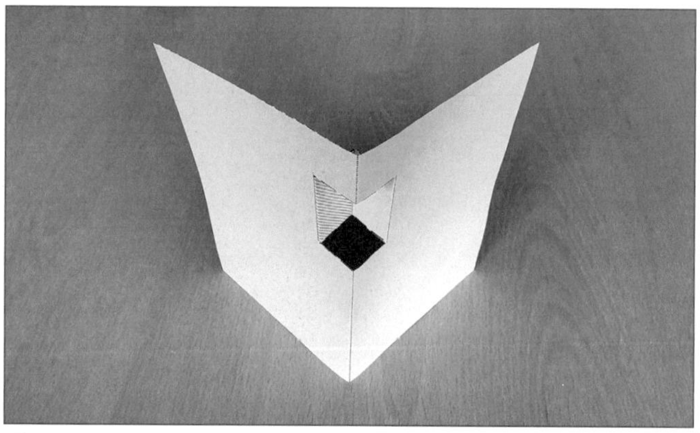

② Schneide die dicken Linien der Bildhalter ein.

③ Falte den Streifen an den Faltlinien einmal nach vorn und zurück.

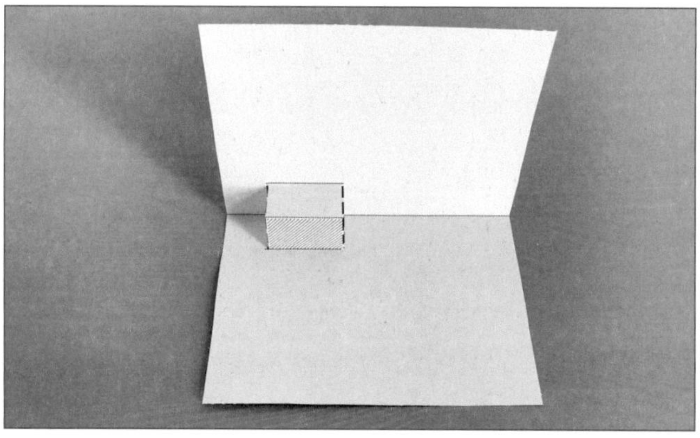

④ Öffne die Seite wieder und falte sie nun in die andere Richtung. Der Bildhalter steht nun wie ein „Hocker" in den Raum.

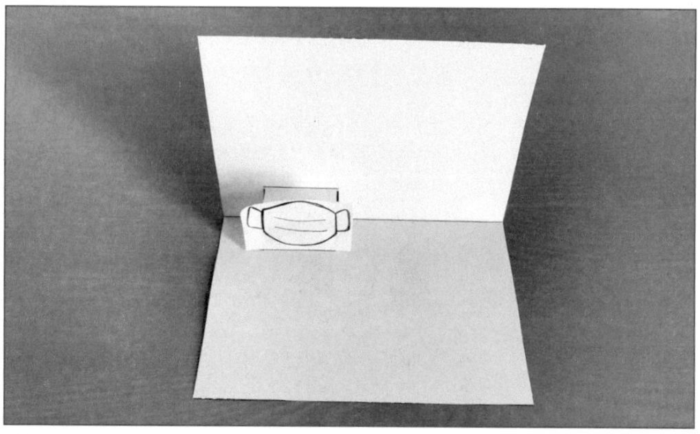

⑤ Schneide ein Bild (< 8,5 cm) aus. Bestreiche die graue Klebefläche auf dem Bildhalter mit Leim und klebe das Bild darauf.

⑥ Stelle mehrere Pop-Up-Seiten her.

⑦ Klebe sie im geschlossenen Zustand mit den Rückseiten aufeinander.

⑧ Falte einen weißen oder farbigen DIN-A4-Tonkarton in der Mitte als Umschlag. Klebe dein Pop-Up-Buch mit der oberen und unteren Seite hinein. Schneide die überstehenden Streifen ab.

Du kannst auch mehrere Bilder als Pop-Up gestalten. Nutze dazu die Kopiervorlage für zwei Bildelemente.

Um eigene Pop-Up-Seiten herzustellen, faltest du ein DIN-A4-Blatt in der Mitte und legst die Haltestreifen für die Bilder selbst fest. Je tiefer du die Streifen einschneidest, desto weiter vorn stehen die Bilder später auf der Seite.

SO GESTALTEST DU DEIN POP-UP-BUCH:

Gestalte die Pop-Up-Seiten.

- *Du gestaltest zu jedem Teilthema eine Pop-Up-Seite deines Buches.*
- *Finde für jedes Teilthema ein charakteristisches Bild, das du als Pop-Up in den Mittelpunkt stellen möchtest.*
- *Formuliere kurze erklärende Texte zum Bild bzw. Teilthema.*
- *Achte beim Schreiben der Texte darauf, dass sie nicht von deinen Pop-Up-Bildern verdeckt werden. Klebe deshalb das Bild immer als Erstes auf.*
- *Schreibe auf jede Seite die Teilüberschrift.*

Gestalte den Umschlag.

- *Gestalte den Umschlag deines Pop-Up-Buchs passend zu deinem Thema.*
- *Schreibe auch deinen Namen und das Thema auf den Umschlag.*

Leporello

Didaktisch-methodische Hinweise

Ein Leporello ist ein Papierstreifen, der ziehharmonikaartig zu einem kleinen Buch gefaltet wird und vollständig auseinandergefaltet werden kann. Die einzelnen Seiten geben den Inhalten eine Reihenfolge vor und werden mit kurzen Texten und Bildern gestaltet.

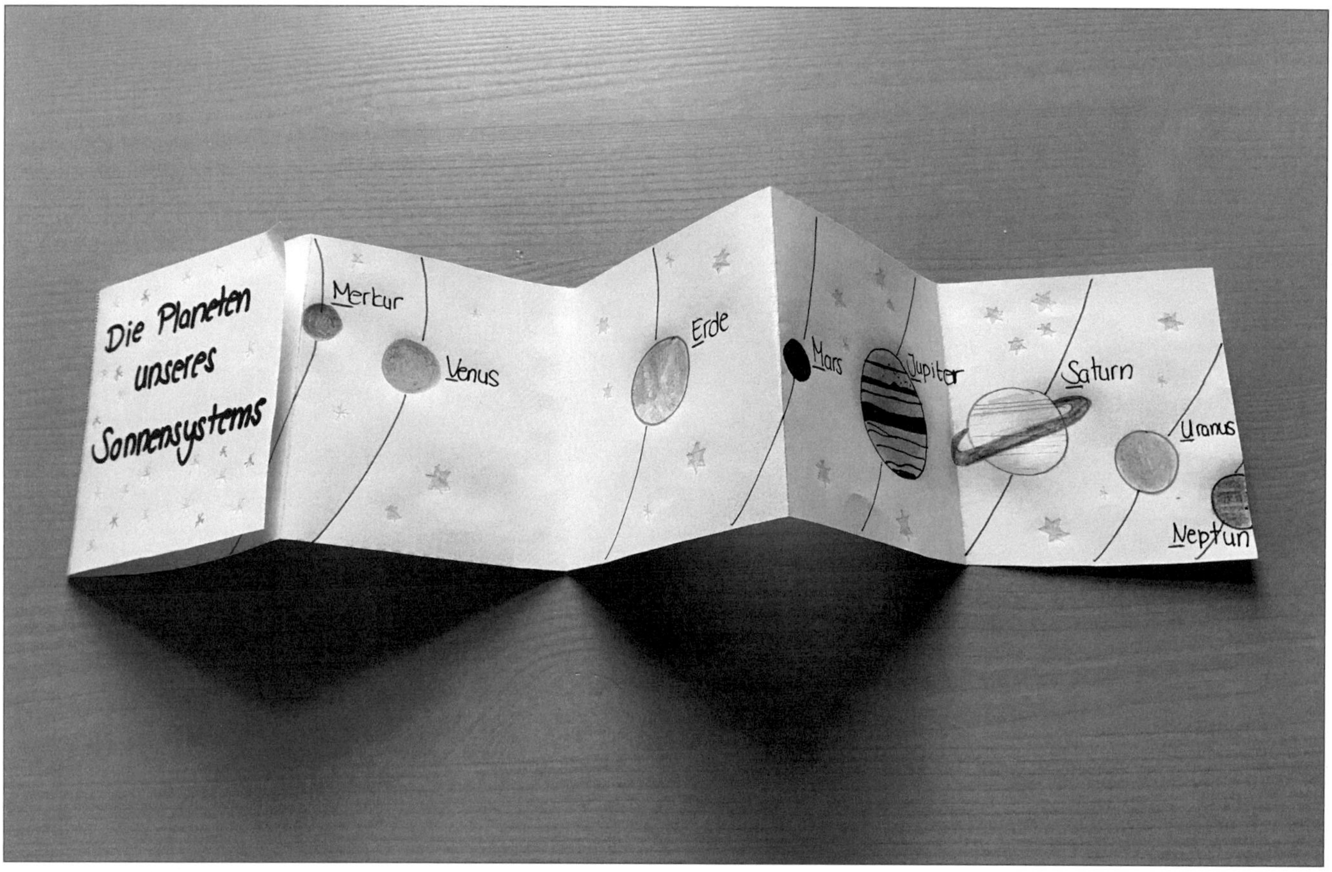

Zeitumfang für Erarbeitung und Gestaltung:
2–3 Unterrichtsstunden, abhängig vom Umfang

Themen:
Anleitungen, geschichtliche Ereignisse, Themen mit linearen Abfolgen/Abläufen, Sachthemen, Fachübersichten

Vorbereitung:
- *Leporello als Muster anfertigen*
- *je Leporello die Faltvorlage mind. 1–2 x kopieren*

Material:
- *KV Methodensteckbrief Leporello (PDF)*
- *S. 53*
- *KV Kleines Leporello (JPG, PowerPoint, Word, PDF)*
- *KV Großes Leporello (JPG, PowerPoint, Word, PDF)*
- *KV Bewertungsbogen mit Selbstreflexion (PDF, Word)*

Benötigtes Zusatzmaterial:
- *evtl. Briefumschlag oder Büroklammer*

Faltvorlage

Zur Herstellung eines Leporellos werden die Faltvorlagen zusammengeklebt und wie eine Ziehharmonika gefaltet.

Je nach gewünschter Länge können dafür mehrere Streifen zusammengeklebt werden. Dafür die Faltvorlagen mehrfach zur Verfügung stellen.

Wichtiges zur Herstellung der Faltelemente, S. 8–10

Inhaltliche Gestaltung

INNENSEITEN

Die Schüler*innen überlegen sich, welche Teilthemen sie in ihrem Leporello präsentieren möchten und in welcher Reihenfolge diese angeordnet werden sollen. Zu jedem Teilthema wird ein Feld des Leporellos mit kurzen Texten und Bildern gestaltet.

Bei Bedarf kann auch die Rückseite des Leporellos beschrieben werden.

TITELSEITE

Das erste Feld des Leporellos wird als Titelseite mit Thema und Namen der Schüler*innen beschriftet und passend zur Thematik gestaltet.

Differenzierung

ARBEITSTEMPO

Je nach Anzahl der Teilthemen werden weitere Felder angeklebt, oder abgeschnitten.

ARBEITSTECHNIKEN

- *Eigenrecherche oder konkrete Sachtexte für die Erarbeitung des Inhalts bereitstellen*
- *Vorgabe einer logischen Reihenfolge der einzelnen Teilthemen*

LEISTUNGSNIVEAU

Unterschiedliche Schwierigkeitsgrade durch Aufgabenstellungen und Impulse vorgeben, z. B. durch:

- *Überschriften*
- *Abbildungen*
- *Lückentexte*
- *Merksätze*

INTERESSE

Vorgabe der Teilthemen als Pflicht- und Wahlthemen oder einzelne bzw. alle Teilthemen durch die Schüler*innen selbst festlegen lassen

HERSTELLUNG

- *fertig gefaltetes Leporello als Muster auslegen*
- *Analog zum Methodensteckbrief kann das Leporello auch ohne KV hergestellt werden.*
- *Die Texte können durch die Schüler*innen vorgeschrieben und fertig eingeklebt werden. Das Arbeiten mit Lineaturen ist möglich.*

Differenzierung, S. 11–14

Einsatzmöglichkeiten

- *Die Schüler*innen gestalten ihr Leporello als selbstständiges Projekt zu einem Thema und erarbeiten sich die Inhalte selbstständig.*
- *Das Leporello wird im Anschluss an eine Unterrichtseinheit als Zusammenfassung zum Thema bzw. als Vorbereitung für eine Leistungsüberprüfung erstellt.*
- *Die Faltvorlagen sind bereits inhaltlich vorbereitet und dienen als Nachschlagewerk. Diese können durch die Schüler*innen ergänzt werden.*

Unterrichtsformen, S. 7–8

Präsentation

- *Gallery-Walk*
- *Kugellager*
- *Ausstellung*
- *Kurzvortrag*

Vorteile der Präsentationsmethoden, S. 5

Aufbewahrung

Das Leporello wird mit der Rückseite auf einen Tonkarton geklebt und eingeheftet. Zur Fixierung mit einer Büroklammer zusammenhalten.
Bei Pappheftern bietet es sich an, das Leporello auf die Innenseiten zu kleben.
Das Leporello wird in einen gelochten Briefumschlag oder eine Prospekthülle gesteckt.

Bewertung

Zusätzlich zu den allgemeinen Bewertungskriterien (siehe S. 16–19) können folgende Aspekte berücksichtigt werden:

- *Es wurden passende Teilthemen ausgewählt und Teilüberschriften formuliert.*
- *Die Inhalte sind chronologisch sinnvoll angeordnet.*
- *Die Inhalte wurden mit Symbolen visualisiert.*

KV Bewertungsbogen mit Selbstreflexion (PDF, Word)

Editierbare Faltvorlagen

Alle Vorderseiten des Leporellos können mit Bildern und Texten versehen werden. Für die Word-Datei gibt es für beide Leporellos zwei Varianten.

EDITIERBARE WORD-VORLAGEN

Der Text fließt bei Eingabe in das 1. Feld automatisch in die nächsten Felder weiter.

KV Kleines Leporello

KV Großes Leporello

Editieren mit Word, S. 20

EDITIERBARE POWERPOINT-VORLAGEN

Jedes Einzelfeld kann unabhängig voneinander mithilfe der Textfelder editiert werden.

KV Kleines Leporello

KV Großes Leporello

Editieren mit PowerPoint, S. 21–22

Was ist ein Leporello?

Ein Leporello ist ein Buch, das wie eine Ziehharmonika geöffnet wird. Die Felder haben eine festgelegte Reihenfolge und werden mit Texten und Bildern gestaltet.

Dieses Material benötigst du:

- *Kopiervorlagen Leporello*
- *Bilder oder eigene Illustrationen*
- *Klebestift, Schere*

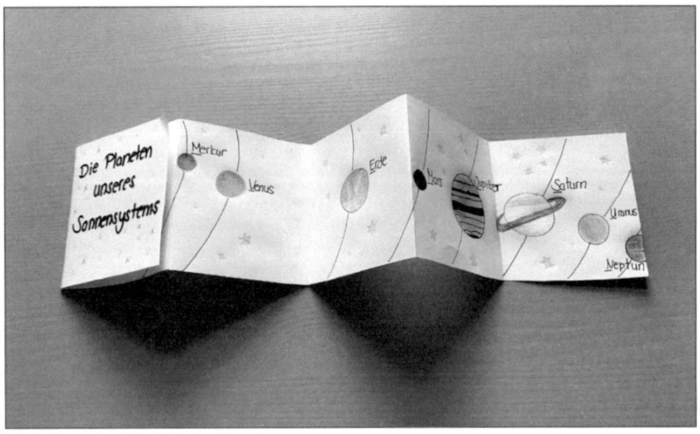

SO STELLST DU DEIN LEPORELLO HER:

① Schneide die Vorlagen aus und klebe sie zusammen.

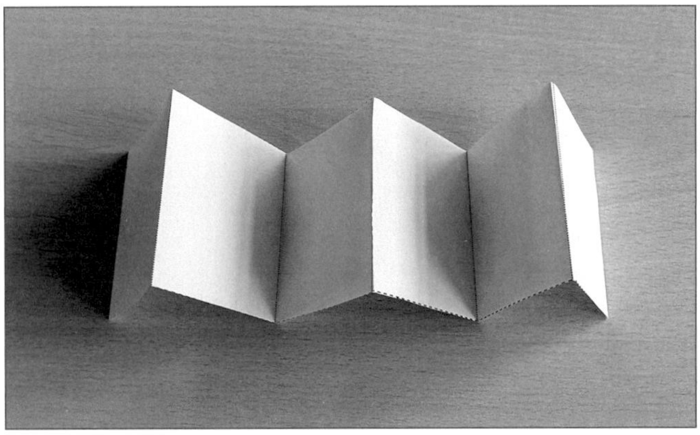

② Falte den Papierstreifen abwechselnd nach vorn und hinten.

Für mehr Felder einen weiteren Streifen ankleben. Für weniger, die Felder abschneiden.

Mit leeren Papierstreifen kannst du ein eigenes Leporello falten. Achte auf gleich große Felder.

SO GESTALTEST DU DEIN LEPORELLO:

Gestalte die erste Seite des Leporellos als Titelseite.

- *Notiere die Themenüberschrift und deinen Namen.*
- *Gestalte sie passend zum Thema.*

Stelle auf jedem Feld ein Teilthema vor.

- *Ordne die Themen in einer sinnvollen Reihenfolge auf den Feldern des Leporellos an.*
- *Notiere die Teilüberschriften.*
- *Gestalte die Felder des Leporellos mit passenden Bildern und Texten.*

Klapp-Tablet

Didaktisch-methodische Hinweise

Bei einem Klapp-Tablet werden zu einem Oberthema bis zu neun Teilthemen als aufklappbare Apps gestaltet. Die Vorderseiten sind passend zum Teilthema mit einem typischen Symbol und einer Teilüberschrift gestaltet. In den aufgeklappten Apps werden wichtige Informationen festgehalten.

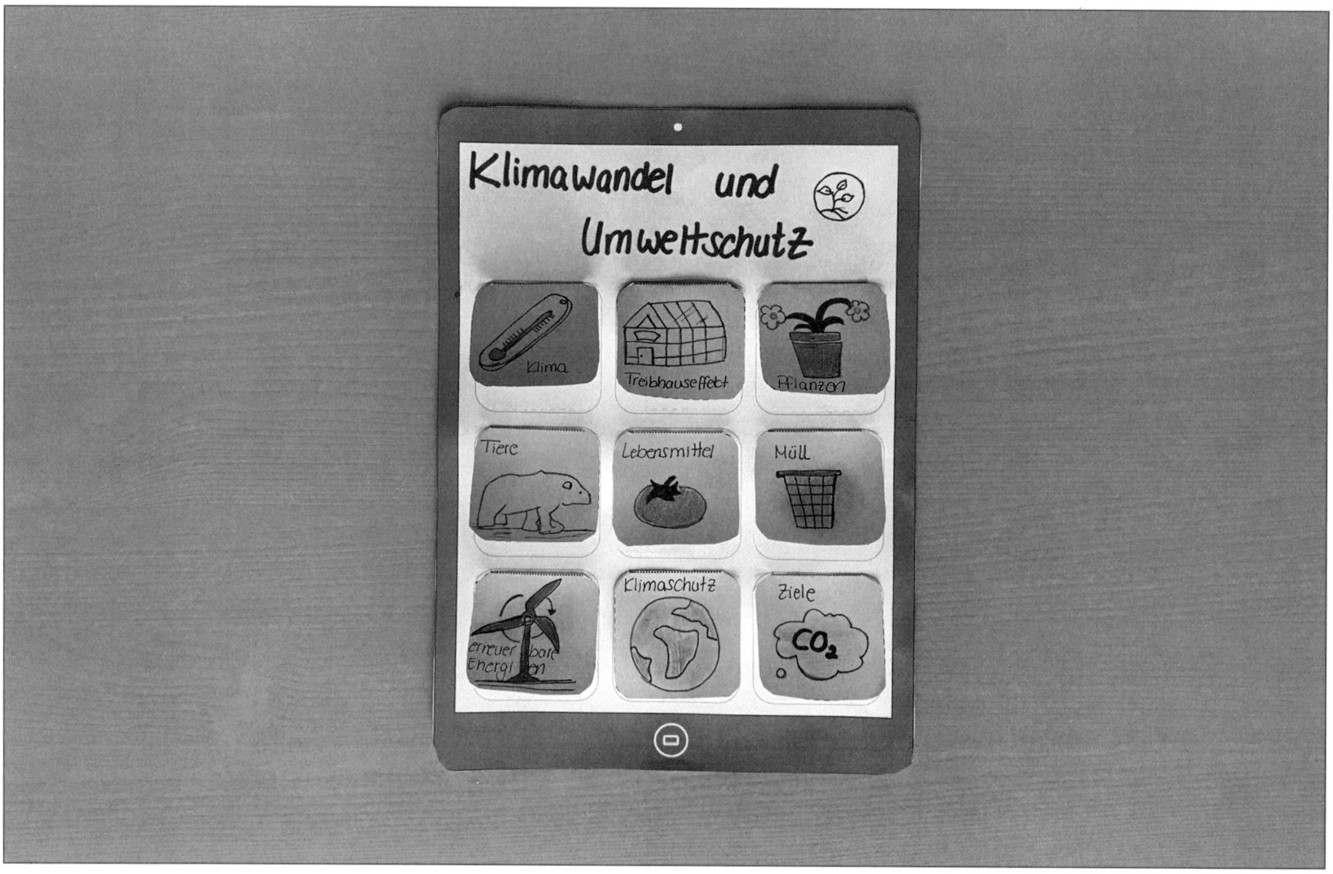

Zeitumfang für Erarbeitung und Gestaltung:
2–3 Unterrichtsstunden

Themen:
Themen, die steckbriefartig vorgestellt werden, Regeln, Überblickswissen

Vorbereitung:
- *Klapp-Tablet als Muster anfertigen.*
- *KV 1/2 einmal je Schüler*in kopieren.*
- *KV 2/2 1,5-mal je Schüler*in kopieren.*

Material:
- *KV Methodensteckbrief Klapp-Tablet (PDF)*
- *S. 57*
- *KV Klapp-Tablet mit Klebefläche (JPG, PowerPoint, PDF)*
- *KV Klapp-Tablet ohne Klebefläche (JPG, PowerPoint, PDF)*
- *KV Bewertungsbogen mit Selbstreflexion (PDF, Word)*

Benötigtes Zusatzmaterial:
- *Tonkarton/Pappe*
- *Prospekthülle zum Aufbewahren im Hefter*
- *evtl. Locher DIN-A4-Tonkarton*

Faltvorlage

Die Tablet- und App-Vorlagen werden ausgeschnitten. Auf die ausgeschnittene Tablet-Faltvorlage werden Klappen in Form von Apps aufgeklebt. Diese werden von oben beginnend in der tablettypischen Anordnung aufgeklebt.

Hinweis:
Auf der digitalen Vorlage sind lediglich 6 Klapp-Apps vorhanden. Planen Sie deshalb für jede*n Schüler*in 1,5 Kopien ein.

Die Tablet-Vorlage sollte vor dem Ausschneiden auf Karton geklebt werden, damit diese stabiler ist.

Wichtiges zur Herstellung der Faltelemente, S. 8–10

Inhaltliche Gestaltung

APPS

Die Schüler*innen überlegen sich bis zu neun Unterthemen zu ihrem Thema und erarbeiten sich die Inhalte.

Zu jedem Teilthema wird eine klappbare App beschrieben und gestaltet. Auf der Vorderseite wird ein passendes Symbol mit einer Überschrift zu dem jeweiligen Teilthema gestaltet. Kurze, steckbriefartige Informationen werden auf der Innenseite der App festgehalten.

TABLET

Die Tabletoberfläche gilt zugleich als Titelseite. Das Thema wird dazu über die Apps geschrieben.

Differenzierung

ARBEITSTEMPO

Differenzieren Sie das Arbeitstempo über Anzahl der zu gestaltenden Klapp-Apps (z. B. zwischen sechs und neun).

ARBEITSTECHNIKEN

Lassen Sie die Schüler*innen eine Eigenrecherche durchführen oder geben Sie konkrete Sachtexte für die Erarbeitung des Inhalts vor.

LEISTUNGSNIVEAU

Unterschiedliche Schwierigkeitsgrade durch Aufgabenstellung und Impulse, z. B.:

- *Die Klapp-Apps werden als Blankovorlagen ausgegeben und durch die Schüler*innen komplett selbst gestaltet.*
- *Symbole und/oder Vorderseiten können auf den Klapp-Apps bereits vorgegeben werden. Es müssen lediglich die Inhalte ergänzt werden.*
- *Die Erklärung im Innenteil ist bereits vorgegeben, auf der Vorderseite muss ein passendes Symbol gezeichnet und die Teilüberschrift gefunden werden.*

INTERESSE

Die Teilthemen werden als Pflicht- und Wahlthemen vorgegeben. Es ist auch möglich, einzelne bzw. alle Teilthemen durch die Schüler*innen selbst festlegen zu lassen.

HERSTELLUNG

Als Hilfestellung zum Kleben der Apps kann die Faltvorlage mit vorgegebenen Klebeflächen eingesetzt werden.

Differenzierung, S. 11–14

Einsatzmöglichkeiten

Die Klapp-Tablets werden während einer selbstständigen Arbeitsphase zu einem Thema durch die Schüler*innen erstellt.
Während einer Unterrichtseinheit gestalten die Schüler*innen am Ende der Stunde Klapp-Apps mit einer kurzen Zusammenfassung des behandelnden Stundenthemas.
Zur Vorbereitung auf eine Leistungsüberprüfung schreiben sich die Schüler*innen „Spicker" in ihr Klapp-Tablet.

Unterrichtsformen, S. 7–8

Präsentation

- *Kurzvortrag*
- *Gallery-Walk*
- *Kugellager*
- *Pinnwand*
- *Ausstellung*

Vorteile der Präsentationsmethoden, S. 5

Aufbewahrung

Das Klapp-Tablet kann in einer Prospekthülle im Hefter eingeheftet werden. Alternativ kann es auf einen DIN-A4-Tonkarton geklebt werden, gelocht und eingeheftet werden.

Bewertung

Zusätzlich zu den allgemeinen Bewertungskriterien können folgende Aspekte bei der Bewertung berücksichtigt werden:

- *Es wurden passende Teilthemen ausgewählt.*
- *Für jedes Teilthema wurde ein passendes Symbol für die App gefunden und gestaltet.*
- *Die Informationen zu jedem Teilthema wurden auf das Wesentliche reduziert.*
- *Die Apps wurden ansprechend auf dem Tablet verteilt.*

Bewertungsmöglichkeiten, S. 16–19

KV Bewertungsbogen mit Selbstreflexion (PDF, Word)

Editierbare Faltvorlagen

Auf der Tablet-Vorlage in PowerPoint kann die Hauptüberschrift ergänzt werden. Die App-Klappen können sowohl auf der Vorderseite mit Symbolen oder Teilüberschriften als auch im Innenteil mit Informationen vorbereitet werden.

KV Klapp-Tablet

KV Klapp-Tablet-Apps

Editieren mit PowerPoint, S. 21–22

Hinweis:
Durch doppelseitiges Drucken der Vorlagen können Hinweise auf der Außenseite und Innenseite der Apps vorgegeben werden.

Doppelseitiges Drucken, S. 22

Variante

Sollen mehr als neun Klapp-Apps gestaltet werden, kann der „Wischeffekt" nachempfunden werden. Dazu werden vor dem Aufkleben auf Karton zwei Tablet-Vorlagen mittig gefaltet und anschließend die Unterkante des ersten Tablets an die Oberkante des zweiten Tablets geklebt. Anschließend werden beide Tablets auf den Karton geklebt, sodass das Tablet für eine weitere Seite nach oben „gewischt" werden kann. Auf diese Weise können mehrere Klapp-Tablets aufeinandergeklebt werden.

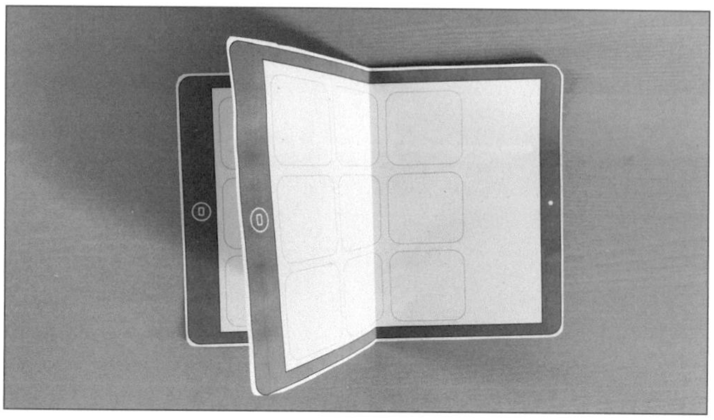

Was ist ein Klapp-Tablet?

Bei einem Klapp-Tablet gestaltest du die Unterthemen deines Themas als aufklappbare Apps. In die Klappen schreibst du wichtige Informationen zu den einzelnen Unterthemen.

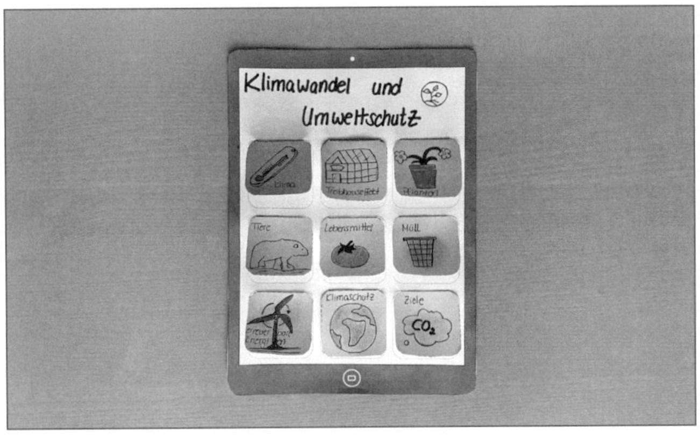

Dieses Material benötigst du:

- *Kopiervorlage Klapp-Tablet*
- *1 DIN-A4-Tonkarton*
- *Klebestift, Schere*
- *Buntstifte*

SO STELLST DU DEIN KLAPP-TABLET HER:

① Klebe die Tablet-Vorlage auf den Karton und schneide sie aus.

② Schneide die Vorlagen für die Apps aus. Falte sie in der Mitte. Klebe die fertig gestalteten Apps auf dein Tablet. Ordne sie wie bei einem richtigen Tablet an. Beginne von unten.

SO GESTALTEST DU DEIN KLAPP-TABLET:

Gestalte zu jedem Teilthema deines Themas eine „App".

- *Überlege dir, wie viele Teilthemen du als App gestalten möchtest. Gestalte zu jedem Teilthema eine App.*
- *Formuliere in der Klappe stichpunktartig die wichtigsten Informationen.*
- *Finde ein passendes Bild/Symbol und zeichne es auf die Vorderseite der App-Klappe. Ergänze eine Überschrift.*

Notiere das Hauptthema auf der Titelseite.

- *Schreibe das Thema deines Klapp-Tablets auf die freie Fläche über den Apps.*

Klapp-Map

Didaktisch-methodische Hinweise

Klapp-Maps visualisieren die Beziehungen zwischen Gedanken und Ideen zu einem Thema. Das Thema oder die Fragestellung steht zentral in der Mitte. Dazu werden Klappen mit wichtigen Oberbegriffen angeordnet und mit Linien/Pfeilen verbunden. Je nach Schwerpunkt kann dies als Klapp-Mindmap oder als Klapp-Concept-Map erfolgen. Auf den Rückseiten der Klappen werden die dazugehörenden Gedanken bzw. Erklärungen festgehalten.

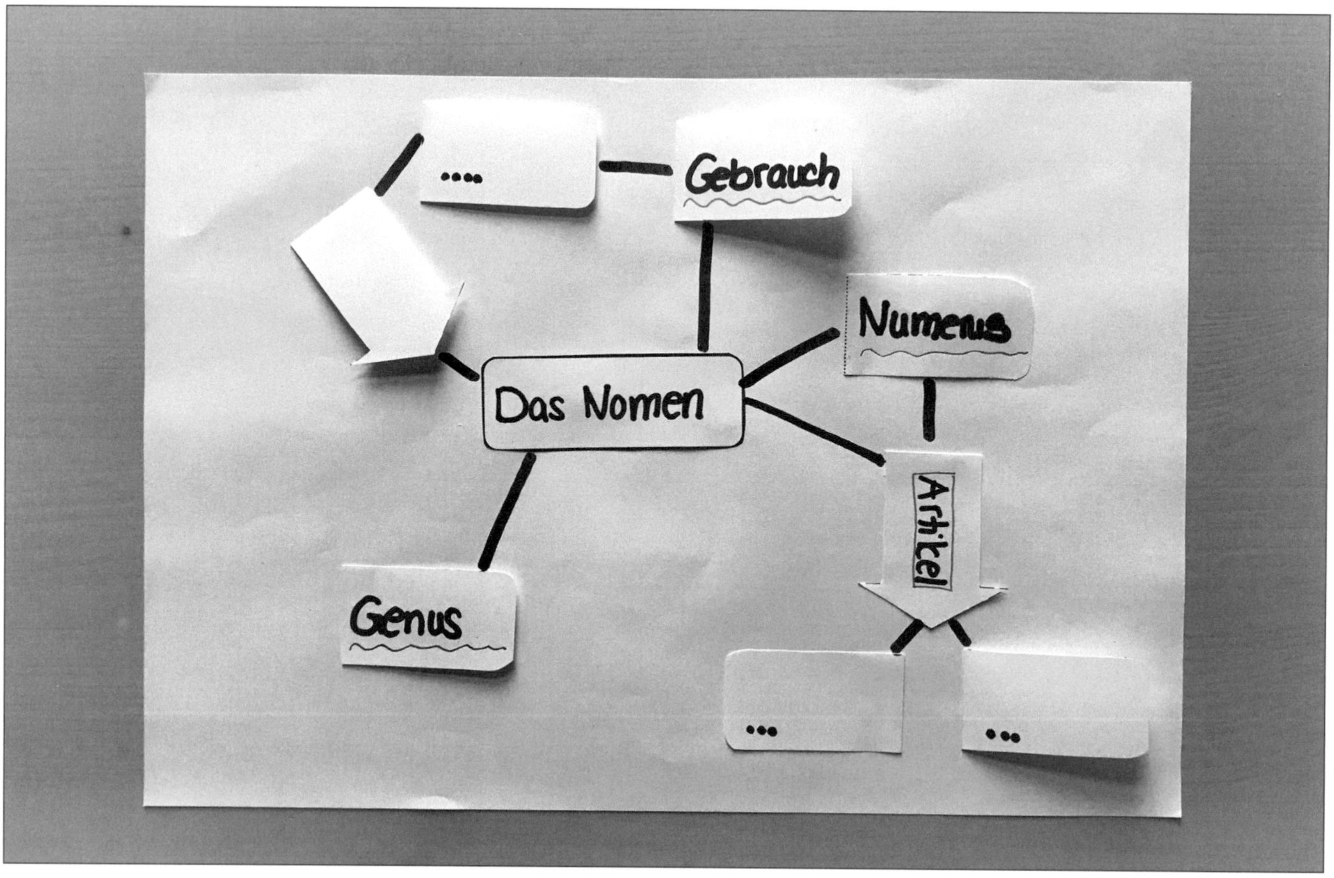

Zeitumfang für Erarbeitung und Gestaltung:
1–2 Unterrichtsstunden

Themen:
Sachtexte, alle Fachthemen, Vorbereitung von Leistungsüberprüfungen

Vorbereitung:
- *Klapp-Map als Muster anfertigen*
- *Vorlagen ausdrucken und kopieren*

Material:

KV Methodensteckbrief Klapp-Mindmap (PDF)

S. 61

KV Methodensteckbrief Klapp-Concept-Map (PDF)

S. 62

KV Klapp-Mindmap (JPG, PowerPoint, PDF)

KV Klapp-Concept-Map (JPG, PowerPoint, PDF)

KV Bewertungsbogen mit Selbstreflexion (PDF, Word)

Benötigtes Zusatzmaterial:
- *1 DIN-A4-Blatt je Schüler*in (liniert, kariert oder blanko)*
- *Zirkel*

Faltvorlage

Die Vorlagen der Klapp-Maps werden ausgeschnitten und auf ein Extrablatt geklebt.

Blatt im Querformat nutzen, damit genügend Platz ist, die Klappen strukturiert anzuordnen.

Wichtiges zur Herstellung der Faltelemente, S. 8–10

Mithilfe von Schablonen können schnell weitere Klappen hergestellt werden.

Schablonen, S. 10

Inhaltliche Gestaltung

HAUPTTHEMA

Das Hauptthema wird in die Mitte des Blattes geschrieben oder eine passende Klappe aufgeklebt.

TEILTHEMEN

Die Schüler*innen überlegen sich bis zu sieben Teilthemen zum Hauptthema. Ein Thema wird jeweils auf die Vorderseite einer Klappe geschrieben. Alternativ können auch passende Piktogramme zum Teilthema auf den Klappen gezeichnet werden.
Die Erklärungen zu den einzelnen Unterthemen werden stichpunktartig auf die Rückseite der Klappen notiert.

Die einzelnen Klappen werden um das Hauptthema, wie bei einer Mindmap angeordnet. Das Hauptthema und die Klappen der Unterthemen werden durch Linien mit einem Stift miteinander verbunden.

Als zusätzliche „Schreibfläche" können auch die durch die Klappen verdeckten Blattflächen genutzt werden.

Differenzierung

ARBEITSTEMPO

Differenzieren Sie über die Anzahl der zu gestaltenden Klappen.

ARBEITSTECHNIKEN

Sie können einen Leitfaden zur Erstellung einer Mindmap vorgeben/wiederholen.

LEISTUNGSNIVEAU

Unterschiedliche Schwierigkeitsgrade durch Aufgabenstellung und Impulse, z. B.:

- *KV „Klapp-Map" wird als Blankovorlage ausgegeben und von den Schüler*innen komplett selbst gestaltet.*
- *Symbole und/oder Vorderseiten können auf den Klappen bereits vorgegeben werden. Diese müssen auf den Rückseiten erklärt werden.*
- *Die Erklärung auf der Rückseite ist bereits vorgegeben. Es müssen passende Stichworte für die Unterthemen gefunden werden.*
- *Die Klapp-Map wird in Form einer Concept-Map erstellt, bei der die Beziehungen bzw. Abhängigkeiten der Einzelthemen stärker ausgearbeitet werden (siehe Variante).*

INTERESSE

Das Thema der Klapp-Map wird freigestellt oder verschiedene Schwerpunkte zur Auswahl angeboten.

HERSTELLUNG

Es wird eine zweite Kopiervorlage als Klebevorlage genutzt, auf die die ausgeschnittenen Klappen übersichtlich aufgeklebt werden.

Die Mindmap-Kreise werden als KV vorgegeben oder mit dem Zirkel (Durchmesser: ca. 5,5 cm) von den Schüler*innen selbst gezeichnet.

Differenzierung, S. 11–14

Einsatzmöglichkeiten

- *Die Klapp-Map entsteht während der Bearbeitung eines Sachtextes.*
- *Im Anschluss an die Themenerarbeitung erstellen die Schüler*innen selbstständig eine Klapp-Map als Zusammenfassung.*
- *Zur Vorbereitung einer Leistungsüberprüfung werden wichtige Inhalte wiederholend als Klapp-Map strukturiert.*
- *Die Klapp-Map wird als ein Eintrag beim Interactive Notebook verwendet*

Unterrichtsformen, S. 7–8

Präsentation

- *Vorlage für Kurzvortrag*
- *Vorstellung in Kleingruppen*
- *Gallery-Walk*
- *Pinnwand*

Vorteile der Präsentationsmethoden, S. 5

Aufbewahrung

Die Klapp-Map wird ins Heft eingeklebt oder im Hefter eingeheftet.

Bewertung

Zusätzlich zu den allgemeinen Bewertungskriterien (siehe S. 16–29) können folgende Aspekte berücksichtigt werden:

- *Es wurden passende Teilthemen ausgewählt.*
- *Für jedes Teilthema wurde ein passendes Stichwort/ eine passende Zeichnung ausgewählt.*
- *Die Informationen zu jedem Teilthema wurden auf das Wesentliche reduziert.*
- *Die Klappen der Teilthemen wurden strukturiert angeordnet.*
- *Die Beziehung der Teilthemen wurde durch Linien verdeutlicht.*

KV Bewertungsbogen mit Selbstreflexion (PDF, Word)

Variante

Die Klapp-Map wird nach dem Concept-Map-Prinzip erstellt, sodass sowohl hierarchische Strukturen als auch die Beziehungen der Teilthemen bzw. Begriffe zueinander dargestellt werden können. Auf jeder Klappe steht ein Teilthema. Die Beziehung zueinander wird mit eingezeichneten Pfeilen zwischen den Klappen verdeutlicht. Dabei wird jeweils in Pfeilrichtung gelesen. Die Pfeile werden zusätzlich mit Verben bzw. Präpositionen beschriftet.

Der Vorteil der Concept-Map als Klappvariante liegt darin, dass die einzelnen Teilthemen auf den Klappen zunächst verschoben werden können, bis die endgültige Version gefunden wird. Erst im Anschluss werden die Klappen aufgeklebt.

Editierbare Faltvorlagen

Je nach Anzahl der Teilthemen können Klappen ergänzt oder gelöscht werden. Auf den Vorderseiten können Schwerpunkte und Symbole vorgegeben werden. Auf den Rückseiten können Erklärungen vorgegeben werden.

Editieren mit PowerPoint, S. 21–22

Durch doppelseitiges Drucken ist es ebenfalls möglich sowohl Inhalte auf der Vorder- und auch der Rückseite der Klappen vorzugeben.

Doppelseitiges Drucken, S. 22

KV Klapp-Mindmap

KV Klapp-Concept-Map

Was ist eine Klapp-Mindmap?

Durch eine Klapp-Mindmap zeigst du Beziehungen zwischen Gedanken und Ideen zu einem Thema. Das Thema steht zentral in der Mitte. Du ordnest einzelne Begriffsklappen um dein Thema und verbindest diese mit Linien und Pfeilen. Wichtige Informationen schreibst du auf die Rückseite der Klappen.

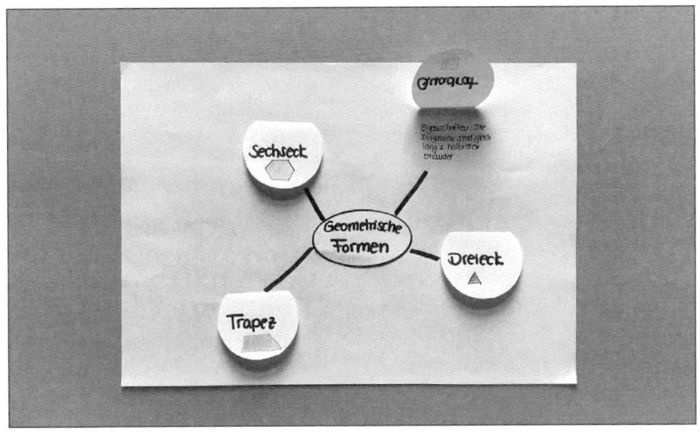

Dieses Material benötigst du:

- *Kopiervorlage Klapp-Mindmap*
- *1 DIN-A4-Blatt (liniert, kariert oder weiß)*
- *Klebestift, Schere*
- *evtl. Zirkel, weißes Papier*

SO STELLST DU DEINE KLAPP-MINDMAP HER:

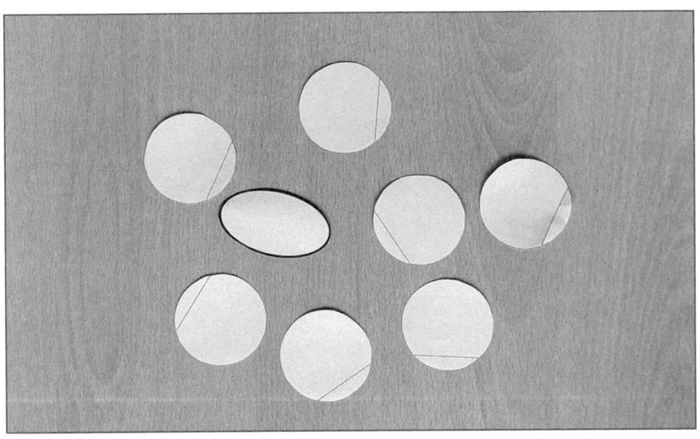

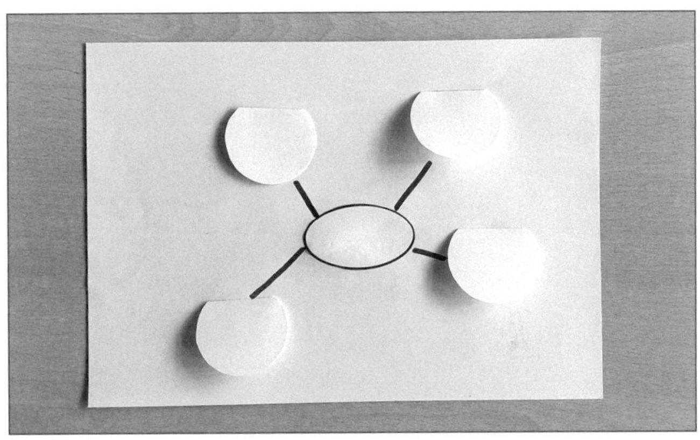

① Schneide die Kreise auf der Kopiervorlage aus.

Du kannst mit deinem Zirkel auch eigene Kreise zeichnen (r = 2,5 cm).

② Nimm dein Blatt quer. Klebe das Hauptthema in die Mitte deines Blattes.

③ Ordne deine Begriffsklappen um das Thema an und klebe sie an den Oberkanten fest.

④ Verbinde die Klappen mit Linien.

SO GESTALTEST DU DEINE KLAPP-MINDMAP:

- *Notiere das Thema in die Vorlage mit Rahmen.*
- *Gestalte zu jedem Begriff/Teilthema deines Themas eine Klappe.*
- *Notiere auf den Vorderseiten der einzelnen Kreisklappen jeweils einen Begriff/Schwerpunkt zu deinem Thema. Du kannst auch Piktogramme zeichnen.*
- *Notiere auf der Rückseite erklärende Informationen. Benutze auch den Platz unter den Klappen, um Informationen zu ergänzen.*

Was ist eine Klapp-Concept-Map?

Bei einer Klapp-Concept-Map setzt du die Begriffsknoten als Klappen um. Weitere Informationen zu den Begriffen werden auf die Rückseiten der Klappen geschrieben. Mit Pfeilen und Pfeilbeschriftungen zeigst du, in welchen Beziehungen die einzelnen Knoten zueinander stehen und wie diese zusammenhängen.

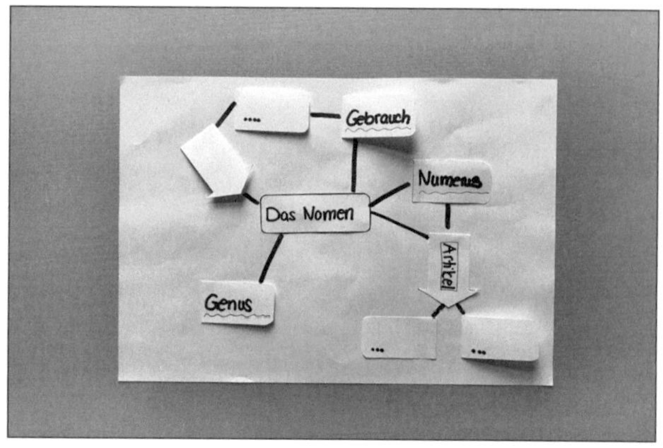

Dieses Material benötigst du:

- *Kopiervorlage Klapp-Concept-Map*
- *1 DIN-A4-Blatt (liniert, kariert oder weiß)*
- *Klebestift, Schere*
- *evtl. weißes Papier*

SO STELLST DU DEINE KLAPP-CONCEPT-MAP HER:

① Schneide die Viereck-Klappen auf der Kopiervorlage aus.

Du kannst dir auch eigene Streifen schneiden.

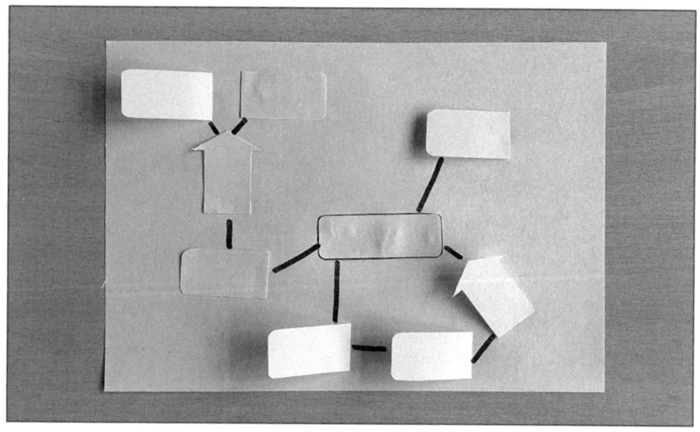

② Ordne deine Klappen auf einem DIN-A4-Blatt an und klebe sie an den Seiten fest.

③ Verbinde die Klappen mit Linien und Pfeilen.

Du kannst auch Pfeile als Klappen nutzen, um Vorgänge bzw. Abfolgen darzustellen.

SO GESTALTEST DU DEINE KLAPP-CONCEPT-MAP:

- *Notiere das Thema in die Vorlage mit Rahmen.*
- *Du gestaltest zu jedem Begriff/Teilthema deines Themas eine Klappe.*
- *Notiere auf den Vorderseiten der einzelnen Klappen jeweils einen Begriff/Schwerpunkt (Substantiv und/oder Adjektiv) zu deinem Thema. Auf der Rückseite definierst du die Begriffe genauer oder ergänzt wichtige Informationen.*
- *Finde eine geeignete Anordnung für die Klappen. Verbinde sie mit Pfeilen, um Zusammenhänge zwischen ihnen zu verdeutlichen. Achte darauf, dass immer in „Pfeilrichtung" gelesen wird.*
- *Beschrifte die Pfeile mit Verben (z. B. haben, entwickelt, ist). bzw. mit Verbindungen aus Verb und Präposition (z. B. besteht aus, kommt vor als).*

Didaktisch-methodische Hinweise

Bei einem Endlosbuch werden vier Teilthemen nacheinander aufgeklappt. Der besondere Effekt liegt darin, dass nach der vierten Seite automatisch wieder die erste Seite erscheint.

Zeitumfang für Erarbeitung und Gestaltung:

2–3 Unterrichtsstunden

Themen:

Themen mit einer vorgegebenen bzw. wiederkehrenden Reihenfolge, Landkarten, Geschichten, Themen mit zwei entgegengesetzten Seiten

Vorbereitung:

- *Endlosbuch als Muster anfertigen*
- *Vorlagen ausdrucken und kopieren*

Material:

- *KV Methodensteckbrief Endlosbuch (PDF)*
- *S. 66–67*
- *KV Endlosbuch (JPG, PDF, PowerPoint)*
- *KV Endlosbuch-Skizze (PDF)*
- *KV Bewertungsbogen mit Selbstreflexion (PDF, Word)*

Benötigtes Zusatzmaterial:

- *Alternative: 3 blanko DIN-A4-Blätter je Schüler*in*
- *Prospekthülle zum Aufbewahren im Hefter*

Faltvorlage

Die acht Rechtecke werden in einer bestimmten Reihenfolge gefaltet und an den vorgegebenen Klebeflächen zusammengeklebt.

Hinweis:
Auf den Blanko-KVs (PDF) sind lediglich die Seiten mit den Klebeflächen vorgegeben. Zum Beschriften werden nach dem Zusammenbauen die leeren Vorderseiten genutzt.

Wichtiges zur Herstellung der Faltelemente, S. 8–10

Inhaltliche Gestaltung

Wichtig: Die inhaltliche Gestaltung kann erst nach Fertigstellung der Endloskarte erfolgen.

TEILTHEMEN

Die Schüler*innen überlegen sich vier Unterthemen zu ihrem Thema und erarbeiten sich die Inhalte. Zu jedem Teilthema wird eine geöffnete Seite der Endloskarte gestaltet.

Hinweis:
Sollen Bilder eingeklebt werden, müssen diese evtl. zerschnitten werden, damit der Klappeffekt erhalten bleibt.

TITELSEITE

Alternativ können auch eine Titelseite und drei Teilthemen geplant werden. Die Titelseite gilt dann als „Start" des Endlosbuches.

Differenzierung

ARBEITSTECHNIKEN

- *Die Schüler*innen recherchieren selbstständig oder Sie geben konkrete Sachtexte für die Erarbeitung des Inhalts vor.*
- *Sie lassen Ihre Schüler*innen Abbildungen bzw. Karten selbst anfertigen oder geben fertige Abbildungen vor, die aufgeklebt werden können.*

LEISTUNGSNIVEAU

- *unterschiedliche Schwierigkeitsgrade durch Aufgabenstellung und Impulse vorgeben*
- *Die Seiten der Endloskarte werden als Blankovorlagen ausgegeben und durch die Schüler*innen komplett selbst gestaltet.*
- *Mithilfe der editierbaren Vorlage können bereits Inhalte/Bilder vorgegeben werden, die durch die Schüler*innen ergänzt bzw. ausgefüllt werden.*

INTERESSE

Vorgabe der Teilthemen als Pflicht- und Wahlthemen oder einzelne bzw. alle Teilthemen durch die Schüler*innen selbst festlegen lassen

HERSTELLUNG

Einsatz der KVs mit vorgegebenen Faltflächen oder aus Blankoblättern (siehe Variante).

Differenzierung, S. 11–14

Einsatzmöglichkeiten

- *Die Endloskarten werden komplett während einer selbstständigen Arbeitsphase zu einem vorgegebenen Thema durch die Schüler*innen erstellt.*
- *Die einzelnen Seiten der Endloskarte werden parallel zur Behandlung des Themas im Unterricht gestaltet.*

Unterrichtsformen, S. 7–8

Präsentation

- *Kurzvortrag*
- *Gallery-Walk*
- *Kugellager*
- *Ausstellung*

Vorteile der Präsentationsmethoden, S. 5

Aufbewahrung

Die Endloskarte kann in einer Prospekthülle im Hefter eingeheftet werden.

Bewertung

Zusätzlich zu den allgemeinen Bewertungskriterien (siehe S. 16–19) können folgende Aspekte berücksichtigt werden:

- *Die Teilthemen wurden in einer sinnvollen Reihenfolge angeordnet.*
- *Es wurden passende Abbildungen zu den Teilthemen ausgewählt und umgesetzt.*

Bewertungsbogen mit Selbstreflexion (PDF, Word)

Editierbare Faltvorlagen

Die Datei besteht aus jeweils vier Rückseiten mit den angegebenen Klebeflächen und vier leeren Vorderseiten, die inhaltlich vorbereitet werden können.

Die Seitenangaben 1–4 geben die Reihenfolge beim späteren Öffnen vor. Rechtecke 1/2, 3/4, 5/6 und 7/8 ergeben zusammen immer eine komplett sichtbare Seite.

Editieren mit PowerPoint, S. 21–22

Doppelseitiges Drucken, S. 22

KV Endlosbuch

Hinweis:
Die Schüler*innen können auch nur die inhaltlich bedruckten Vorderseiten als Kopie erhalten und diese selbst nach Anleitung falten und kleben.

Variante

Alternativ können die Schüler*innen die Endloskarten auch selbst aus Blankopapier falten. Dazu benötigt jede*r Schüler*in 4 gleichgroße Quadrate aus Papier.

1) Quadrate einmal teilen, sodass acht Rechtecke entstehen.

2) Alle Rechtecke einmal längs falten, wieder öffnen und 2-mal quer bis zur Mitte falten, sodass acht Felder entstehen.

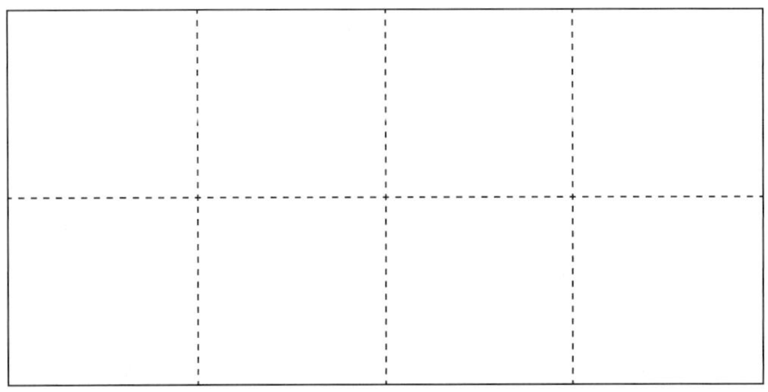

3) Mithilfe der Skizze übertragen die Schüler*innen die Klebeflächen auf ihre gefalteten Rechtecke und falten diese gemäß der Faltanleitung.

Was ist ein Endlosbuch?

Bei einem Endlosbuch öffnest du nach und nach eine neue Seite, bis du automatisch wieder auf der ersten Seite ankommst.

Dieses Material benötigst du:

- *Kopiervorlagen Endlosbuch 1–4 oder 3 weiße DIN-A4-Blätter*
- *Bilder oder eigene Illustrationen*
- *Klebestift, Schere*

SO STELLST DU DEIN ENDLOSBUCH-BUCH HER:

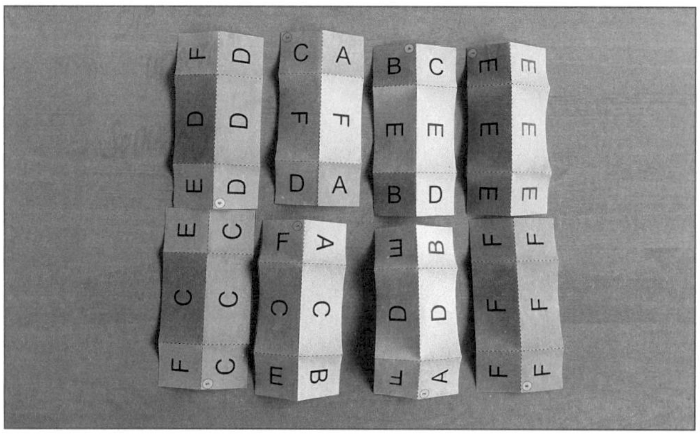

① Schneide die acht Rechtecke aus und falte alle angegebenen Faltlinien.

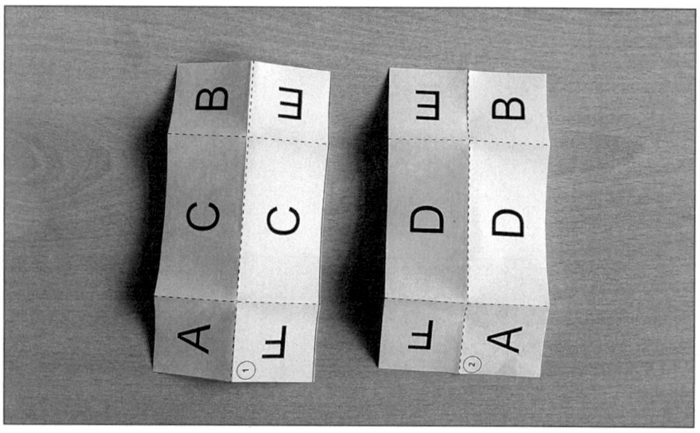

② Klebe die Rechtecke in der vorgegebenen Reihenfolge zusammen:
Rechteck 1 und 2: Lege beide Rechtecke nebeneinander.

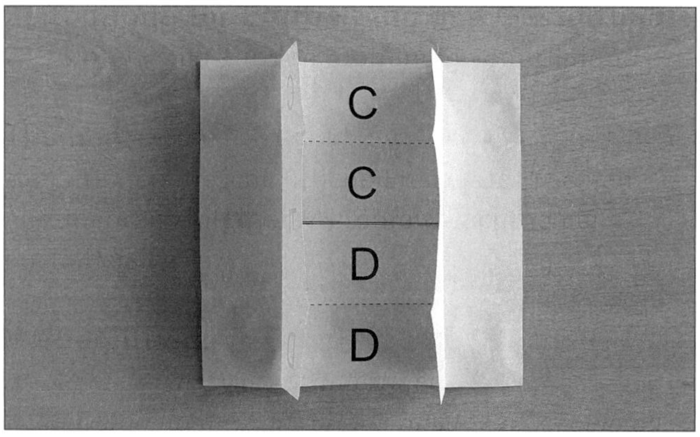

③ *Rechtecke 3 und 4:* Leime die grauen Klebeflächen A und B ein. Klebe sie auf die Klebeflächen A und B von Rechteck 1 und 2.

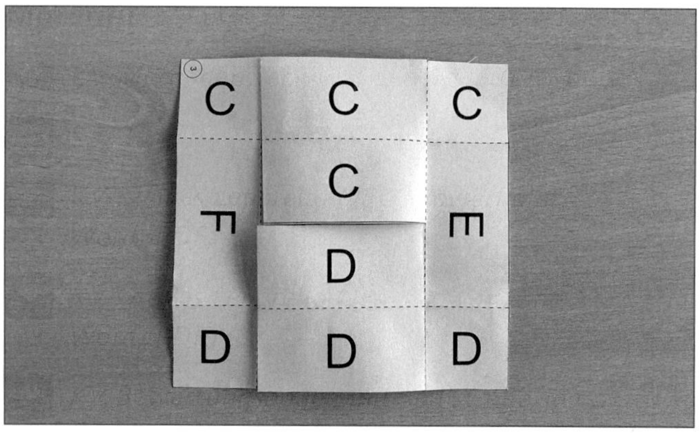

④ Falte die Rechtecke 3 und 4 nun komplett nach hinten.

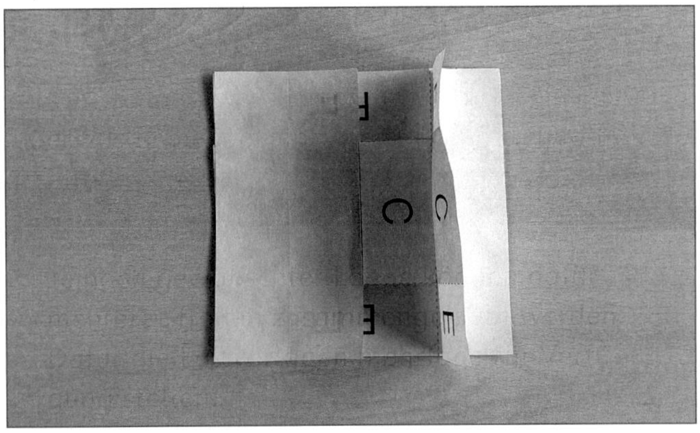

⑤ *Rechtecke 5 und 6:* Leime die grauen Klebeflächen C und D ein und klebe sie auf die Klebeflächen C und D deines Endlosbuches.

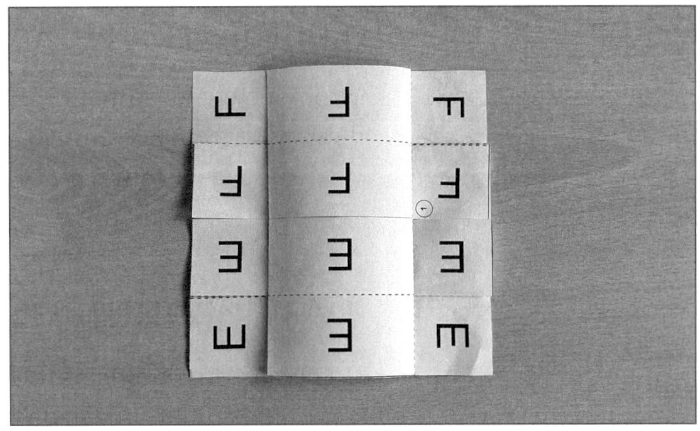

⑥ Falte die Rechtecke 5 und 6 wieder komplett nach hinten.

⑦ Rechtecke 7 und 8: Leime die grauen Klebeflächen E und F ein und klebe sie auf die Klebeflächen E und F deines Endlosbuches.

So stellst du deine Endloskarte aus Blankopapier her.

⑧ Schneide dir aus 3 DIN-A4-Blättern acht Rechtecke (10,5 cm x 21 cm).

⑨ Falte alle Rechtecke einmal längs und 2-mal quer, sodass acht gleich große Felder entstehen.

⑩ Übertrage die Klebeflächen auf der Skizze mit Bleistift auf die Felder. Falte dein Endlosbuch nach (Nr. 1–7).

SO GESTALTEST DU DEIN ENDLOSBUCH:

Wichtig: Das Endlosbuch muss vor dem Gestalten fertig gefaltet und geklebt sein!

- *Du gestaltest zu jedem Teilthema eine Seite deines Endlosbuches.*
- *Denke dabei an eine sinnvolle Reihenfolge, da die Abfolge festgelegt ist.*
- *Du kannst vier Teilthemen oder eine Titelseite und drei Teilthemen in deinem Endlosbuch umsetzen.*
- *Schreibe auf jede Seite die Teilüberschrift.*
- *Wähle aussagekräftige Abbildungen aus, die du auf die Seiten klebst oder selbst zeichnest.*
- *Achte darauf, dass eingeklebte Bilder keine offenen Kanten verschließen. Schneide deine Bilder an diesen Stellen auseinander.*
- *Beschrifte deine Abbildungen oder ergänze einen kurzen Informationstext.*

Drehscheibe

Didaktisch-methodische Hinweise

Bei einer Drehscheibe handelt es sich um eine Übersicht, bei der die verschiedenen Inhalte erst durch Drehen der Scheibe sichtbar werden. Es können verschiedene Teilthemen, aber auch zyklische Abläufe dargestellt werden.

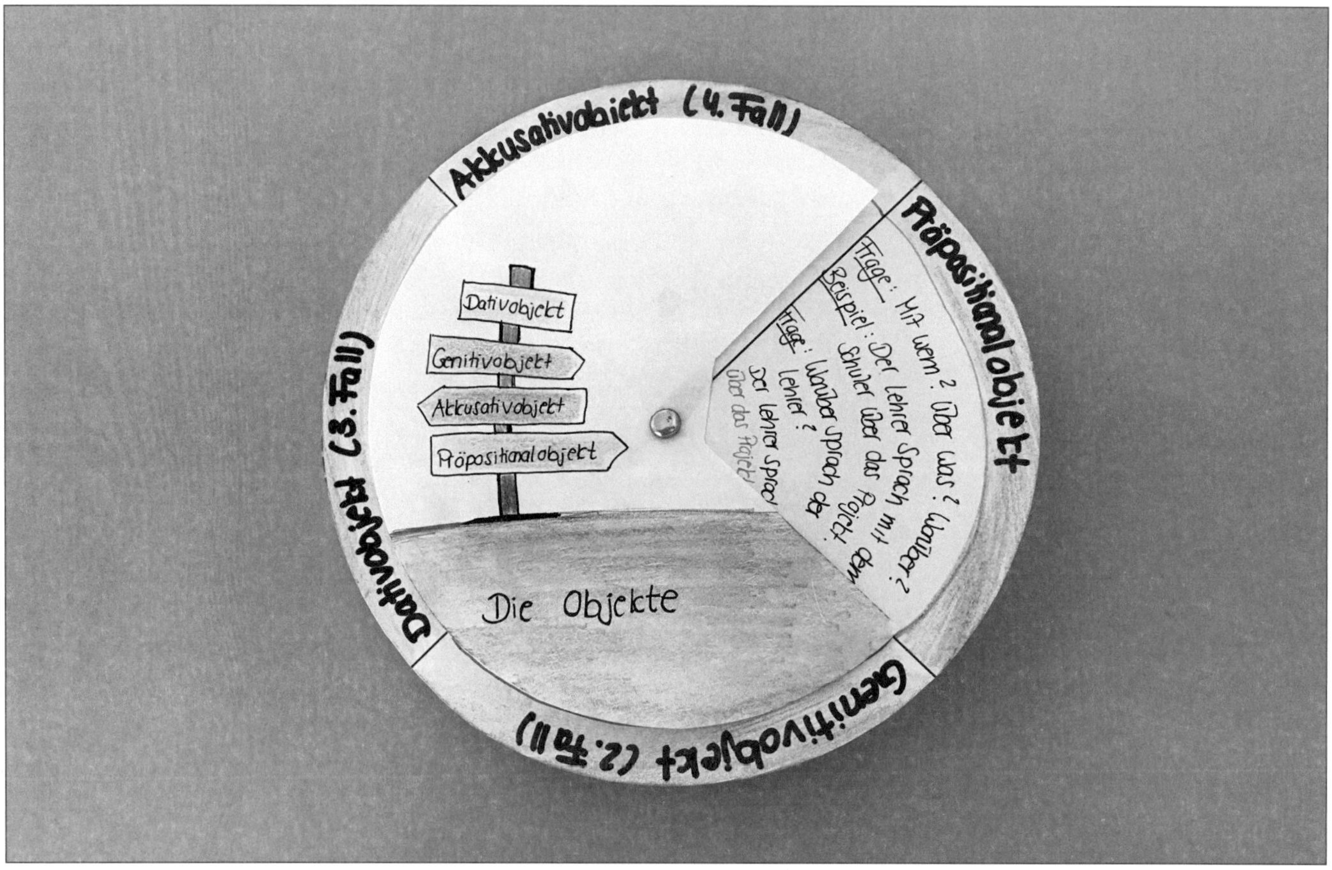

Zeitumfang für Erarbeitung und Gestaltung:
1–2 Unterrichtsstunden

Themen:
Themen mit einer vorgegebenen bzw. wiederkehrenden Reihenfolge, Kurzvorträge, Stoffsammlungen, Merkwissen

Vorbereitung:
- *Drehscheibe als Muster anfertigen*
- *Vorlagen ausdrucken und kopieren*

Material:
- *KV Methodensteckbrief Drehscheibe (PDF)*
- *S. 71–72*
- *KV Drehscheibe mit 4 Feldern (JPG, PowerPoint)*
- *KV Drehscheibe mit 5 Feldern (JPG, PowerPoint)*
- *Bewertungsbogen mit Selbstreflexion (PDF, Word)*

Benötigtes Zusatzmaterial:
- *Musterklammern*
- *Alternative: Blankoseiten, Zirkel, Geodreieck zum Zeichnen einer eigenen Drehscheibe*
- *Prospekthülle zum Aufbewahren im Hefter*

Faltvorlage

Die Kreise der Drehscheibe werden ausgeschnitten, aufeinandergelegt und mit einer Musterklammer verbunden.

Wichtiges zur Herstellung der Faltelemente, S. 8–10

Inhaltliche Gestaltung

TEILTHEMEN

Die Schüler*innen überlegen sich vier bzw. fünf Unterthemen zu ihrem Thema und erarbeiten sich die Inhalte. Zu jedem Teilthema wird ein Feld des Drehkreises gestaltet. Die Überschriften werden auf den sichtbaren Rand des Außenkreises notiert, sodass diese auch zu lesen sind, wenn die Felder verdeckt sind.

DREHSCHEIBE

Die Drehscheibe wird als Titelseite mit dem Thema, dem Namen und der Klasse beschriftet und gestaltet.

Differenzierung

ARBEITSTEMPO

Die Anzahl der Felder der Drehscheibe kann variiert werden.

Wichtig: Die Feldanzahl muss bereits vorher festgelegt und kann nicht während des Arbeitsprozesses erweitert werden.

ARBEITSTECHNIKEN

- *Eigenrecherche oder konkrete Sachtexte für die Erarbeitung des Inhalts vorgeben*
- *Abbildungen werden selbst angefertigt oder fertige Abbildungen aufgeklebt.*

LEISTUNGSNIVEAU

Unterschiedliche Schwierigkeitsgrade durch Aufgabenstellung und Impulse, z. B.:

- *Drehkreis wird als Blanko-Version durch die Schüler*innen komplett selbst gestaltet und die Teilthemen strukturiert.*
- *Mithilfe der editierbaren Vorlage können bereits Überschriften, Bilder und Inhalte auf den einzelnen Feldern vorgegeben werden, die durch die Schüler*innen ergänzt bzw. ausgefüllt werden.*

INTERESSE

Vorgabe der Teilthemen als Pflicht- und Wahlthemen oder einzelne bzw. alle Teilthemen durch die Schüler*innen selbst festlegen lassen

HERSTELLUNG

Einsatz der KVs mit vorgegebenen Drehscheiben. Die Drehscheiben können mit Zirkel und Geodreieck durch die Schüler*innen selbst hergestellt werden (siehe Anleitung). Voraussetzung ist hierbei der sichere Umgang mit Zirkel und das Abmessen von Winkeln.

Differenzierung, S. 11–14

Einsatzmöglichkeiten

- *Die Drehscheibe entsteht während der Bearbeitung eines Sachtextes.*
- *Im Anschluss an die Themenerarbeitung erstellen die Schüler*innen selbstständig eine Drehscheibe als Zusammenfassung.*
- *Die Schüler*innen halten wichtige Infos für einen Kurzvortrag auf ihrer Drehscheibe fest.*
- *Zur Vorbereitung einer Leistungsüberprüfung werden wichtige Inhalte wiederholend als Drehscheibe strukturiert.*
- *Die Drehscheibe wird als ein Eintrag beim Interactive Notebook eingesetzt.*
- *Die Drehscheiben werden mit wichtigem Merkwissen erarbeitet und immer wieder im Unterricht als Hilfe eingesetzt.*

Unterrichtsformen, S. 7–8

Präsentation

- *Kurzvortrag*
- *Gallery-Walk*
- *Kugellager*
- *Ausstellung*
- *Partnerpräsentation*

Vorteile der Präsentationsmethoden, S. 5

Aufbewahrung

Die Drehscheibe kann in einer Prospekthülle im Hefter eingeheftet oder mit der Rückseite auf ein gelochtes DIN-A4-Blatt bzw. Karton geklebt werden.

Bewertung

Zusätzlich zu den allgemeinen Bewertungskriterien (siehe S. 16–19) kann folgender Aspekt berücksichtigt werden:

- *Die Teilthemen wurden in einer sinnvollen Reihenfolge angeordnet.*

KV Bewertungsbogen mit Selbstreflexion (PDF, Word)

Editierbare Faltvorlagen

Auf den editierbaren Vorlagen können sowohl Überschriften als auch Inhalte auf den Feldern des Kreises vorgegeben werden. Auch die Beschriftung der Drehscheibe ist möglich.

Editieren mit PowerPoint, S. 21–22

KV Drehscheibe mit vier Feldern

KV Drehscheibe mit fünf Feldern

Variante

Alternativ können die Schüler*innen die beiden Kreise der Drehscheiben auch selbst mit Zirkel und Geodreieck konstruieren (Kreis 1: $r = x$, Kreis 2: $r = x + 2$ cm).

Die Winkel der Kreissegmente berechnen sie einfach mit folgender Formel:

Winkel Kreissegment = 360°: Anzahl der gewünschten Felder.

Für die Drehscheibe wird beim kleineren Kreis ein Kreissegment ausgeschnitten. Zuvor wird ein kleinerer Kreis ($r = 1{,}5$ cm) gezeichnet, damit die Musterklammer im Mittelpunkt befestigt werden kann.

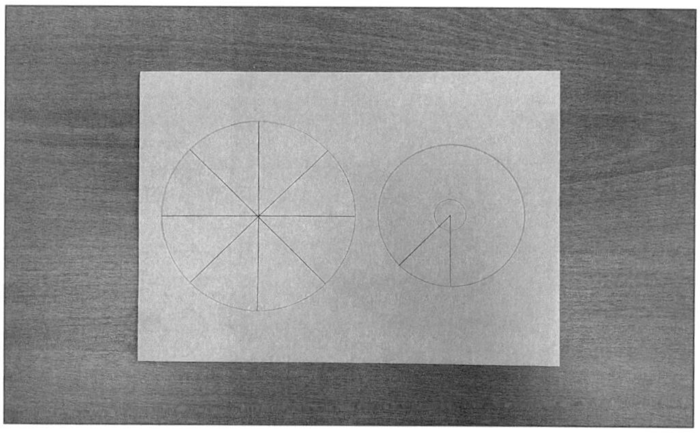

Was ist eine Drehscheibe?

Eine Drehscheibe ist eine Übersicht, bei der du die Inhalte erst durch Drehen der Scheibe lesen kannst. Du kannst verschiedene Teilthemen, Merkwissen, Stoffsammlungen, aber auch Themen mit einer wiederkehrenden Reihenfolge damit präsentieren.

Dieses Material benötigst du:

- ✦ *Kopiervorlage Drehscheibe mit 4 oder 5 Feldern*
- ✦ *2 DIN-A4-Blätter für eigene Vorlage*
- ✦ *Schere*
- ✦ *1 Musterklammer*
- ✦ *Bleistift, Zirkel, Geodreieck*

SO STELLST DU DEINE DREHSCHEIBE HER:

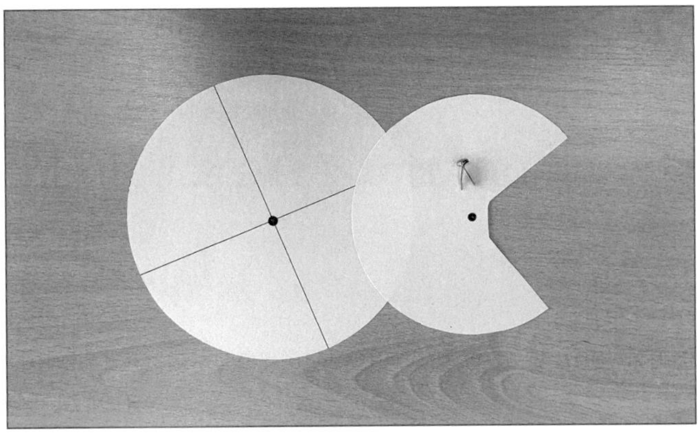

① Schneide die beiden Kreise aus und stich die Punkte mit einem spitzen Bleistift ein.

② Lege den kleinen Kreis auf den großen Kreis. Verbinde beide Kreise mit einer Musterklammer.

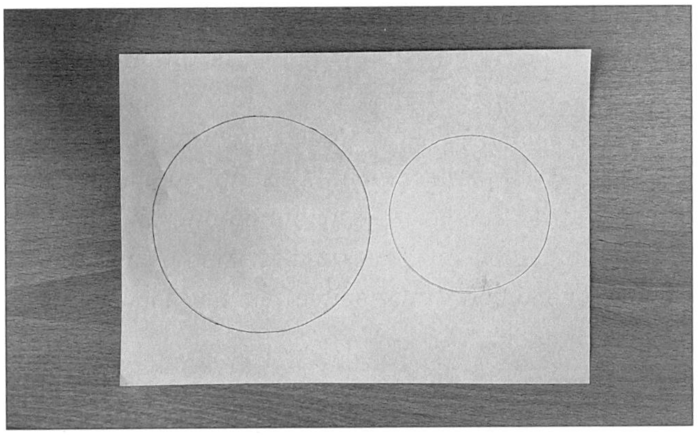

Du kannst mit Zirkel, Geodreieck und DIN-A4-Blättern auch eine eigene Drehscheibe herstellen.

③ Zeichne einen großen und einen kleinen Kreis. (r = x, r = x + 2)

④ Überlege dir, wie viele Felder deine Drehscheibe haben soll. Teile 360° durch die Anzahl.

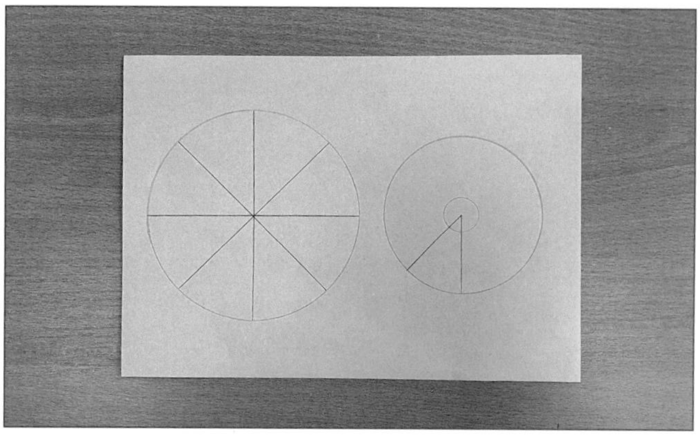

① Großer Kreis: Zeichne alle Kreissegmente ein.

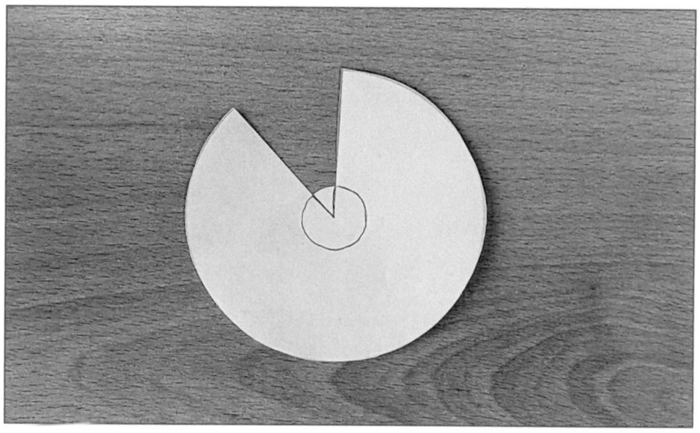

② Kleiner Kreis: Zeichne in den Mittelpunkt einen Kreis mit r = 1,5 cm. Zeichne in den kleinen Kreis nur ein Kreissegment ein. Schneide das Segment aus.

SO GESTALTEST DU DEINE DREHSCHEIBE:

Gestalte den Kreis mit Feldern.

- ✦ *Du gestaltest zu jedem Teilthema ein Feld deiner Drehscheibe.*
- ✦ *Überlege dir für jedes Feld ein Teilthema.*
- ✦ *Überlege dir passende Teilüberschriften und schreibe diese auf die Außenkanten der Felder, sodass diese auch zu sehen sind, wenn das Feld verdeckt ist.*
- ✦ *Formuliere kurze erklärende Texte zum Bild bzw. Teilthema in die einzelnen Felder.*

Gestalte die obere Drehscheibe.

- ✦ *Gestalte die obere Drehscheibe als Titelseite mit dem Thema und deinem Namen.*

Didaktisch-methodische Hinweise

Flyer präsentieren Informationen ansprechend in einem Faltblatt. Sie geben einen kurzen Überblick über die wichtigsten Informationen und stellen diese kurz und übersichtlich dar.

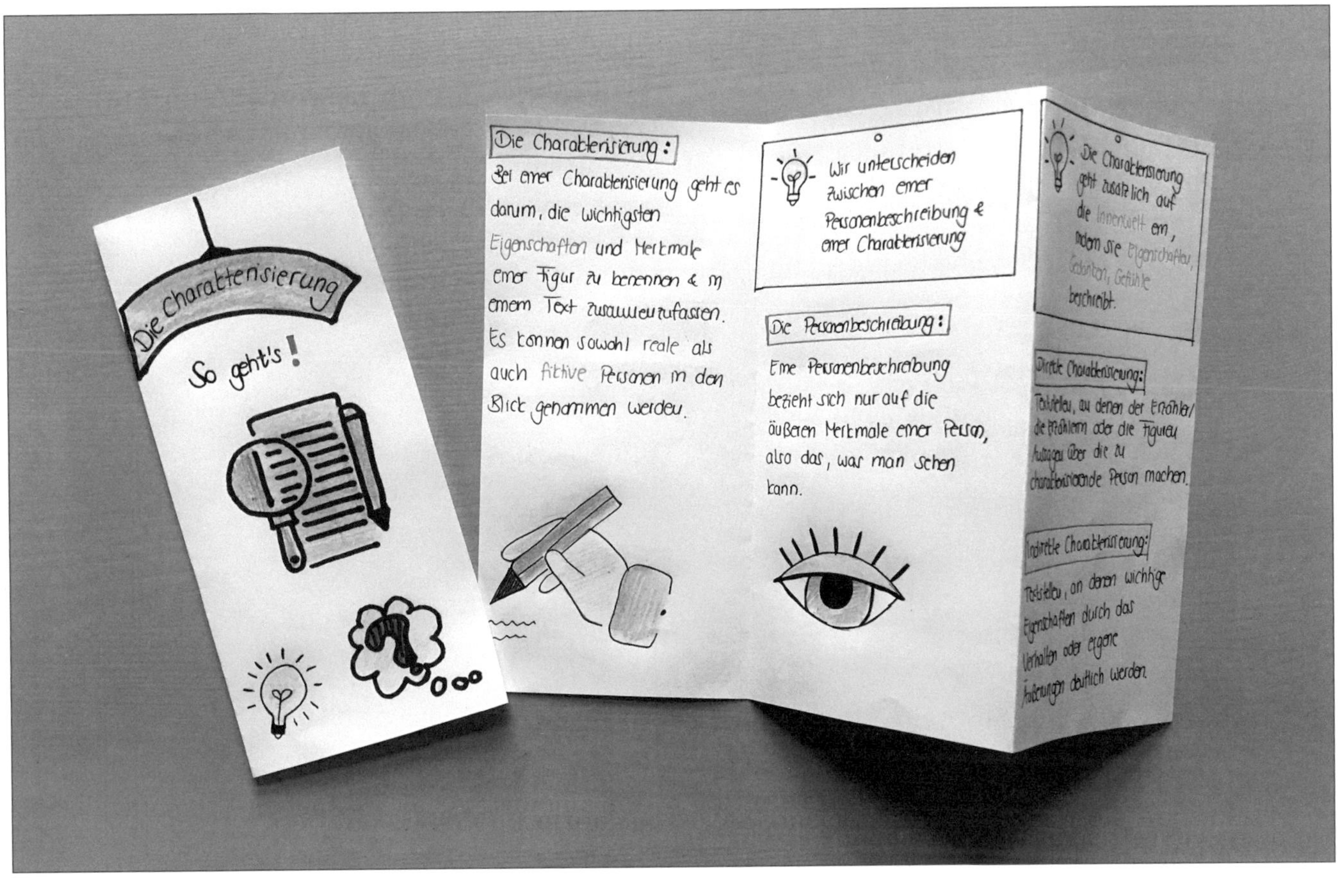

Zeitumfang für Erarbeitung und Gestaltung:
2–4 Unterrichtsstunden, abhängig vom Umfang

Themen:
Alle Sachthemen, Merkwissen, Überblickswissen, Steckbriefe, Werbung für bestimmte Themen

Vorbereitung:
- *Flyer als Muster anfertigen*
- *Vorlagen ausdrucken und kopieren*

Material:

- *KV Methodensteckbrief Flyer (PDF, Word)*
- *S. 77–78*
- *KV Flyer 4 Seiten (JPG, Word, PDF, PowerPoint)*
- *KV Flyer 6 Seiten Wickel-Falz (JPG, Word, PowerPoint)*
- *KV Flyer 6 Seiten Leporello-Falz (JPG, Word, PDF, PowerPoint)*
- *KV Bewertungsbogen mit Selbstreflexion (PDF, Word)*

Benötigtes Zusatzmaterial:
- *Alternative: Blankoseiten zum Falten ohne Kopiervorlage*
- *Prospekthülle oder DIN-A5-Briefumschlag zum Aufbewahren im Hefter*

Faltvorlage

Mithilfe der Faltvorlagen oder Blankoseiten können Flyer mit vier oder sechs Seiten hergestellt werden. Der einfache Flyer mit vier Seiten wird lediglich mittig gefaltet. Beim 6-seitigen Flyer gibt es zwei Faltvarianten:

1. **Leporello-Falz:** Die linke Faltlinie wird nach vorn und die rechte Faltlinie nach hinten gefaltet.
2. **Wickel-Falz:** Die linke Seitenklappe wird nach hinten und die rechte darüber gefaltet.

Hinweis:
Auf den Vorlagen wurden lediglich die Faltlinien angegeben, um den Platz vollständig nutzen zu können.

Gestalten die Schüler*innen die Flyer inhaltlich komplett selbst, können diese auch ohne Kopiervorlage mit Blankoseiten gefaltet werden.

Flyer mit vier Seiten: Ein DIN-A4-Blatt wird mittig gefaltet.

Flyer mit sechs Seiten: Die Schüler*innen messen und dritteln das Blatt. Dabei sollte für den Wickel-Falz die linke Seitenklappe etwas schmaler sein als die beiden linken Klappen, damit es beim Schließen des Flyers keine ungewollten Knicke gibt.

Wichtiges zur Herstellung der Faltelemente, S. 8–10

Inhaltliche Gestaltung

Aufgrund der verschiedenen Faltweisen verändert sich die Reihenfolge der Seiten. Diese muss beim Beschriften berücksichtigt werden.

Flyer mit 4 Seiten

Vorderseite:

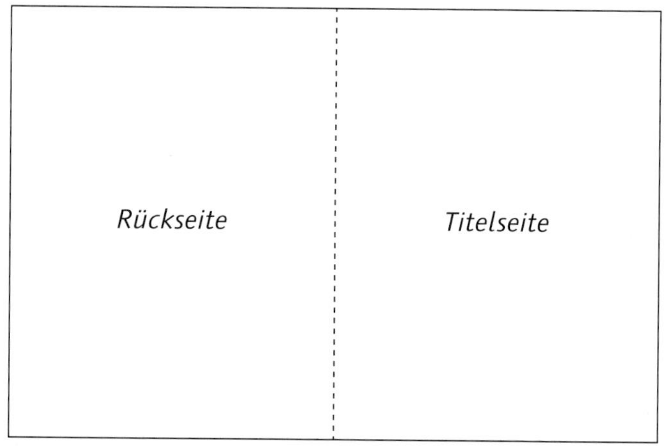

Rückseite:

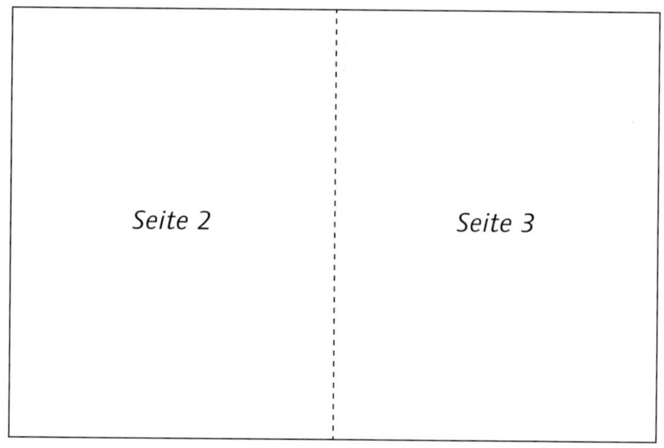

Flyer mit 6 Seiten in Leporello-Falz

Vorderseite:

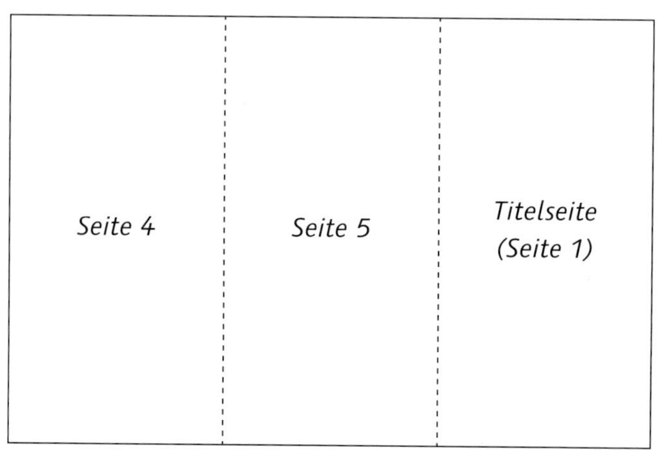

Rückseite:

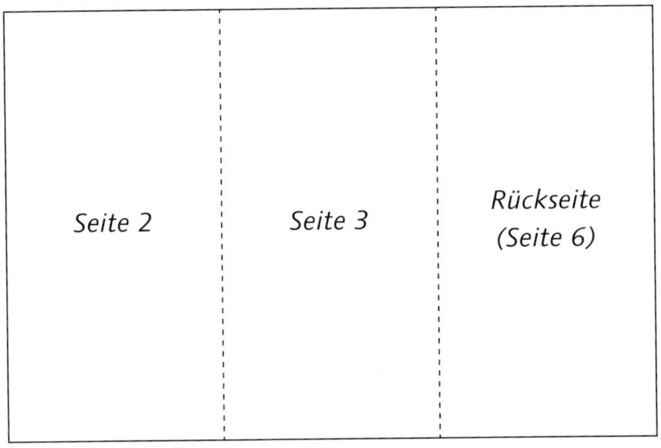

Flyer mit 6 Seiten mit Wickel-Falz

Vorderseite:

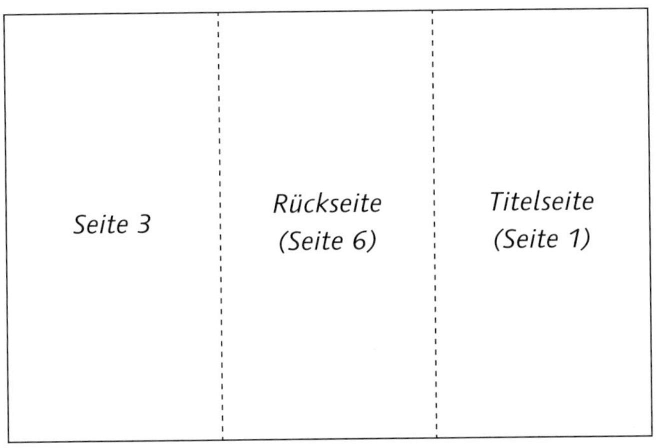

Rückseite:

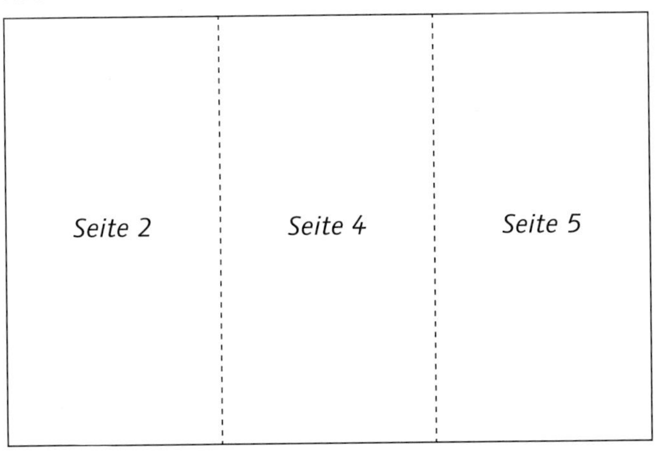

TITELSEITE

Die Schüler*innen gestalten die Titelseite passend zum Thema mit Überschrift und Bildern.

INNENSEITEN

Auf jeder Innenseite wird ein Teilthema präsentiert. Es werden kurze Texte geschrieben und diese mit Bildern übersichtlich strukturiert angeordnet.

RÜCKSEITE

Die Rückseite ist neben der Titelseite im geschlossenen Zustand zu sehen. Deshalb bietet sich diese z. B. als Zusammenfassung für Rätsel, einen kurzen Steckbrief oder Ähnliches an. Im Flyer werden die Inhalte vertieft vorgestellt.

Differenzierung

ARBEITSTEMPO

Es sind Flyer mit zwei oder vier Teilthemen möglich. Auch die Größe kann durch das Falten von DIN-A5- oder DIN-A4-Blättern einfach variiert werden.

ARBEITSTECHNIKEN

- *Eigenrecherche oder konkrete Sachtexte für die Erarbeitung des Inhalts vorgeben*

LEISTUNGSNIVEAU

Unterschiedliche Schwierigkeitsgrade durch Aufgabenstellung und Impulse, z. B.:

- *Vorgabe von Überschriften*
- *Abbildungen*
- *Lückentexte*
- *Merksätze*

INTERESSE

Vorgabe der Teilthemen als Pflicht- und Wahlthemen oder einzelne bzw. alle Teilthemen durch die Schüler*innen selbst festlegen lassen.

HERSTELLUNG

Flyer in den verschiedenen Faltvarianten als Muster mit Angabe der jeweiligen Seitenzahlen als Orientierung anfertigen.

Hierfür kann die Word-Vorlage ausgedruckt werden.

Flyer werden mithilfe von Faltvorlagen gefalten oder mit DIN-A4 bzw. DIN-A5-Papier selbst angezeichnet und gefaltet.

Differenzierung, S. 11–14

Einsatzmöglichkeiten

Die Schüler*innen gestalten ihren Flyer als selbstständiges Projekt zu einem Thema und erarbeiten sich die Inhalte selbst.
Der Flyer wird im Anschluss an eine Unterrichtseinheit als Zusammenfassung zum Thema erstellt.
Im Flyer werden als Vorbereitung auf eine Leistungsüberprüfung wichtige Informationen verkürzt dargestellt.

Einsatzmöglichkeiten, S. 7–8

Präsentation

- *Gallery-Walk*
- *Ausstellung*
- *auslegen*
- *Kugellager*
- *Präsentation in 2er-Teams*
- *mit Wäscheklammern an einer im Klassenzimmer aufgespannten Leine*
- *Wandorganizer, Hängemappe oder Prospekthalter analog zu einem Touristenbüro*

Vorteile der Präsentationsmethoden, S. 5

Aufbewahrung

Der Flyer kann zusammengefaltet in einer Prospekthülle oder einem eingehefteten Briefumschlag im Hefter aufbewahrt werden.

Bewertung

Zusätzlich zu den allgemeinen Bewertungskriterien können folgende Aspekte bei der Bewertung berücksichtigt werden:

- *Es wurden passende Teilthemen ausgewählt.*
- *Die Titelseite wurde als Blickfang gestaltet.*
- *Es gibt einen roten Faden.*
- *Die Rückseite macht neugierig auf den Inhalt.*

Bewertungsmöglichkeiten, S. 16–19

KV Bewertungsbogen mit Selbstreflexion (PDF, Word)

Editierbare Faltvorlagen

Zur Orientierung sind die digitalen Vorlagen des Flyers mit Seitenangaben bzw. Vorder- und Rückseite beschriftet. Zum Drucken der Vorder- und Rückseite muss der Flyer doppelseitig gedruckt werden. Aufgrund des Querformats der Vorlagen muss bei den Druckeinstellungen „über die kurze Seite spiegeln" ausgewählt werden.

Doppelseitiges Drucken, S. 22

VARIANTE „REIHENFOLGE" (WORD)

Dies ist beim Einfügen von fortlaufenden Texten oder der Gestaltung von Doppelseiten von Vorteil.

KV Flyer 4 Seiten Reihenfolge

KV Flyer 6 Seiten Leporello-Falz

KV Flyer 6 Seiten Wickel-Falz

Editieren mit Word, S. 20

VARIANTE „EINZELSEITEN" (POWERPOINT)

Bei dieser Variante können Sie Seiten des Flyers einzeln editieren. Zur Orientierung sind in den Feldern die Seitennummerierung angegeben.

Editieren mit PowerPoint, S. 21–22

Was ist ein Flyer?

In einem Flyer präsentierst du Informationen platzsparend in einem 4- oder 6-seitigen Faltblatt. Sie geben einen kurzen Überblick über die wichtigsten Punkte und stellen diese kurz und übersichtlich dar.

Dieses Material benötigst du:

- ✦ *Kopiervorlage Flyer*
- ✦ *1 DIN-A4-Blatt für das Falten ohne Vorlage*
- ✦ *Klebestift, Schere, Lineal*

SO STELLST DU DEINEN FLYER HER:

Flyer mit vier Seiten

① Schneide die Vorlage aus oder verwende ein leeres DIN-A4-Blatt. Falte die Vorlage oder das Papier in der Mitte.

Flyer mit sechs Seiten Wickel-Falz

① Schneide die Vorlage aus.

② Falte erst die linke Klappe nach hinten. Falte dann die rechte Klappe darüber.

Flyer mit sechs Seiten Leporello-Falz

① Schneide die Vorlage aus.

② Falte die linke Klappe nach hinten und die rechte Klappe nach vorn.

Flyer mit sechs Seiten ohne Vorlage

① Lege dein DIN-A4-Blatt quer und miss drei gleich große Streifen ab.

SO GESTALTEST DU DEINEN FLYER:

Gestalte die erste Seite deines Flyers als Titelseite.

- ✦ *Gestalte die Titelseite als Blickfang mit Bildern und der Überschrift passend zum Thema.*

Gestalte die Innenseiten deines Flyers.

- ✦ *Überlege dir, welche Teilthemen du auf den Seiten deines Flyers darstellen möchtest und in welcher Anordnung du diese präsentieren möchtest.*
- ✦ *Formuliere treffende Überschriften und schreibe kurze Texte.*
- ✦ *Ergänze zur Veranschaulichung passende Bilder und Zeichnungen.*
- ✦ *Die Rückseite ist neben der Titelseite auch beim geschlossenen Flyer zu sehen. Deshalb bietet sich diese z. B. als Zusammenfassung der wichtigsten Informationen im Überblick, für Rätsel oder Steckbriefe an.*
- ✦ *Die genaue Anordnung der Seitenzahlen ist von der gewählten Faltvorlage abhängig. Vermerke dir vor dem Beschriften die richtige Reihenfolge der Seitenzahlen im gefalteten Zustand dünn mit Bleistift oder nutze die Vorlagen.*

Flyer mit vier Seiten mit und ohne Vorlage

Vorderseite:

Rückseite	*Titelseite*

Rückseite:

Seite 2	*Seite 3*

Flyer mit sechs Seiten Leporello-Falz

Vorderseite:

Seite 4	*Seite 5*	*Titelseite (Seite 1)*

Rückseite:

Seite 2	*Seite 3*	*Rückseite (Seite 6)*

Flyer mit sechs Seiten Wickel-Falz

Vorderseite:

Seite 3	*Rückseite (Seite 6)*	*Titelseite (Seite 1)*

Rückseite:

Seite 2	*Seite 4*	*Seite 5*

Hinweis: Bei der Wickelfaltung sollte der linke Streifen etwas schmaler (etwa 0,3mm) als die anderen beiden sein.

Explosionsbox

Didaktisch-methodische Hinweise

Eine Explosionsbox ist eine kleine Box mit Deckel, die beim Öffnen auseinanderfällt. Die Teilthemen werden in Klappen oder auf darauf aufgeklebten Faltelementen festgehalten. Zusätzlich kann auch ein kleiner, zum Thema passender Gegenstand in der Boxmitte arrangiert werden.

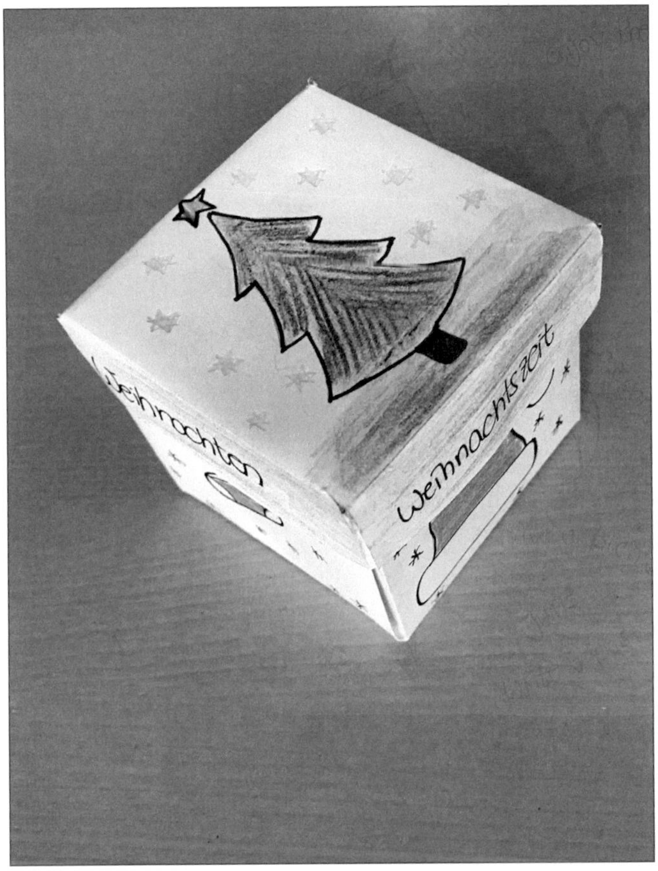

Zeitumfang für Erarbeitung und Gestaltung:
3–4 Unterrichtsstunden, abhängig vom Umfang

Themen:
alle Sachthemen

Vorbereitung:
- *Explosionsbox als Muster anfertigen*
- *Faltvorlagen Lapbook auswählen*
- *Faltvorlagen ausdrucken und auf DIN A3 kopieren*

Material:
- *KV Methodensteckbrief Explosionsbox (PDF)*
- *S. 82–84*
- *KV Explosionsbox (JPG, PowerPoint, PDF)*
- *KV Bewertungsbogen mit Selbstreflexion (PDF, Word)*

Faltvorlage

Mithilfe der Faltvorlagen wird eine Box hergestellt, die lediglich durch den Deckel zusammengehalten wird. Für die Grundbox werden die KVs Grundbox und Deckel benötigt. Lediglich der Deckel wird dabei geklebt, sodass beim Öffnen der Box die Grundbox auseinandergefaltet wird. Mithilfe der KVs Großes Innenteil mit Taschen und Kleines Innenteil kann die Explosionsbox auch während des Arbeitsprozesses erweitert werden. Dazu werden diese im gefalteten Zustand mit der Rückseite in die Mitte der Grundbox geklebt.

Hinweis:
Um die Inhalte gut präsentieren zu können, sollten die Vorlagen unbedingt auf DIN A3 vergrößert werden.

Für einen besseren Halt kopieren Sie die Vorlagen auf stärkerem Kopierpapier (120 mg³).

Wichtiges zur Herstellung der Faltelemente, S. 8–10

Inhaltliche Gestaltung

GRUNDBOX

Die aufgeklappten Felder der Grundbox werden mit den verschiedenen Teilthemen beschriftet und mit Bildern gestaltet.

Es können auch weitere Faltelemente (siehe Lapbookfaltvorlagen) auf die Klappen geklebt werden.

DECKEL UND AUSSENBOX

Deckel und Außenbox werden als Titelseite des Themas gestaltet. Dazu beschriften die Schüler*innen diese mit Thema und Namen und gestalten sie mit Zeichnungen oder Bildern.

INNENSEITEN

Auf den Innenseiten können jeweils 4 weitere Teilthemen präsentiert werden. Das größere Innenteil verfügt dabei über Taschen, in die etwas hineingesteckt werden kann. Auf die leeren Felder kann geschrieben oder wiederum weitere kleine Faltelemente geklebt werden.

BOXINHALT

In der Box kann ebenfalls ein kleiner Gegenstand aufbewahrt werden, der einen Bezug zum Thema hat. Dieser kann z. B. mit doppelseitigem Klebeband in die Mitte geklebt oder einfach nur eingelegt werden.

Differenzierung

ARBEITSTEMPO

Grundbox mit 4 oder 6 Teilthemen, Erweiterung durch Innenteile mit 4 oder 8 Themen, während der Erarbeitung möglich.

ARBEITSTECHNIKEN

- *Eigenrecherche oder konkrete Sachtexte für die Erarbeitung des Inhalts vorgeben.*

LEISTUNGSNIVEAU

Unterschiedliche Schwierigkeitsgrade durch Aufgabenstellung und Impulse vorgeben, z. B.:
- *Überschriften*
- *Abbildungen*
- *Lückentexte*
- *Merksätze*

INTERESSE

Vorgabe der Teilthemen als Pflicht- und Wahlthemen oder einzelne bzw. alle Teilthemen durch die Schüler*innen selbst festlegen lassen.

HERSTELLUNG

Eine fertig gefaltete Explosionsbox als Muster zur Verfügung stellen. Weitere kleine Faltelemente können als Faltvorlage vorgegeben werden (siehe Lapook, S. 90–94) oder durch die Schüler*innen selbst entworfen werden.

Hinweis:
Zum Einkleben eignen sich vor allem kleine Briefumschläge, Blumen, Klappen oder Schmetterlinge. Verkleinern Sie dazu die Lapbook-Faltvorlagen einfach auf A 5.

Faltbücher, S. 90–94

Differenzierung, S. 11–14

Einsatzmöglichkeiten

Die Schüler*innen gestalten ihre Explosionsbox als selbstständiges Projekt zu einem Thema und erarbeiten sich die Inhalte selbst.
Das Explosionsbuch wird im Anschluss an eine Unterrichtseinheit als Zusammenfassung zum Thema erstellt.

Einsatzmöglichkeiten, S. 7–8

Präsentation

- *Gallery-Walk*
- *Ausstellung*
- *Kugellager*
- *Präsentation in 2er-Teams*

Vorteile der Präsentationsmethoden, S. 5

Aufbewahrung

Die Box kann an einer der Seiten zusammengefaltet und in einer Prospekthülle aufbewahrt werden. Beim Deckel müssen dazu die Seitenlaschen aus den Kanten herausgezogen werden.

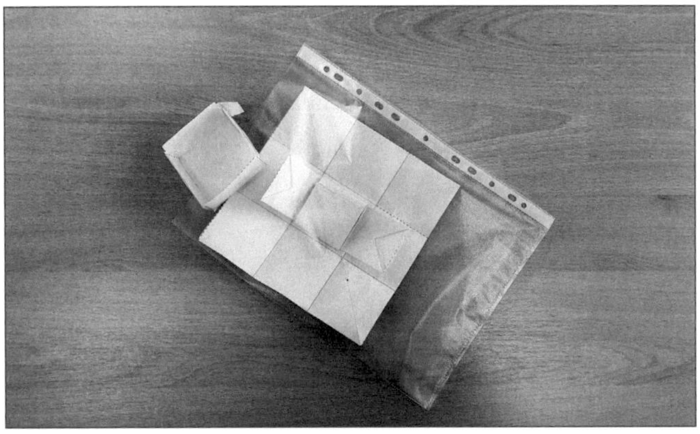

Bewertung

Zusätzlich zu den allgemeinen Bewertungskriterien können folgende Aspekte bei der Bewertung berücksichtigt werden:

- *Es wurden passende Teilthemen ausgewählt.*
- *Es wurde ein passender Gegenstand zum Thema ausgewählt.*
- *Es wurden weitere Faltelemente eingesetzt.*
- *Die Außenbox und Deckel wurden passend zum Thema gestaltet.*

Bewertungsmöglichkeiten, S. 16–19

KV Bewertungsbogen mit Selbstreflexion (PDF, Word)

Editierbare Faltvorlagen

In der PowerPoint-Datei können alle sichtbaren Flächen des Deckels, der Grundbox und der Innenteile editiert werden.

Hinweis:
Die Mitte sollte jeweils frei bleiben, damit die einzelnen Elemente aufeinandergeklebt werden können oder der Gegenstand präsentiert werden kann.

KV Explosionsbox (PowerPoint, PDF, JPG)

Editieren mit PowerPoint, S. 21–22

Was ist eine Explosionsbox?

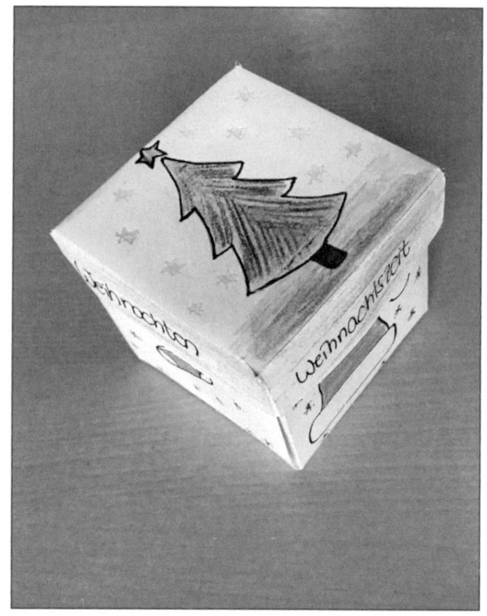

Eine Explosionsbox faltet sich nach dem Öffnen des Deckels auseinander. Auf den einzelnen Klappen gestaltest du deine Teilthemen.
Als Besonderheit kannst du einen zum Thema passenden Gegenstand in deiner Box aufbewahren und präsentieren.

Dieses Material benötigst du:

- ✦ *Kopiervorlage Explosionsbox*
- ✦ *Kopiervorlage Große und kleine Innenteile zur Erweiterung*
- ✦ *Kopiervorlagen für kleine Faltelemente*
- ✦ *Bilder oder eigene Illustrationen*
- ✦ *Klebestift, Schere, Lineal*
- ✦ *evtl. einen besonderen Gegenstand*

SO STELLST DU DEINE EXPLOSIONSBOX HER:

① Schneide die Vorlage aus. Falte alle senkrechten und waagerechten Linien nach innen.

② Falte die Vorlage wieder auseinander. Lege ein Lineal an die diagonalen Linien und ritze diese vorsichtig mit der Schere an.

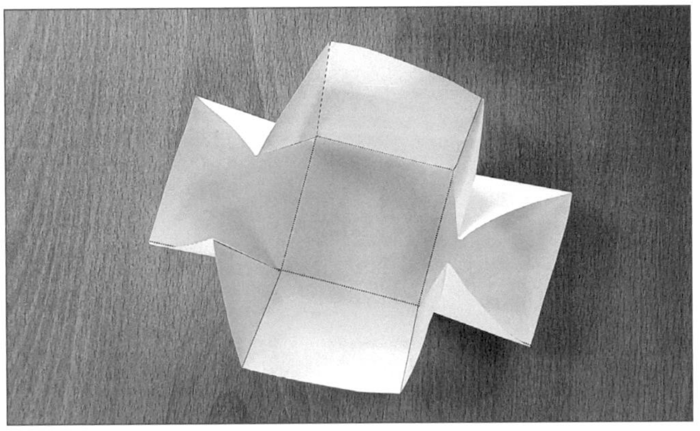

③ Falte alle Seiten nach oben. Ziehe dazu die angeritzten Diagonalen nach innen.

④ Schneide die Vorlage des Deckels aus. Falte alle Faltlinien einmal nach hinten und wieder zurück.

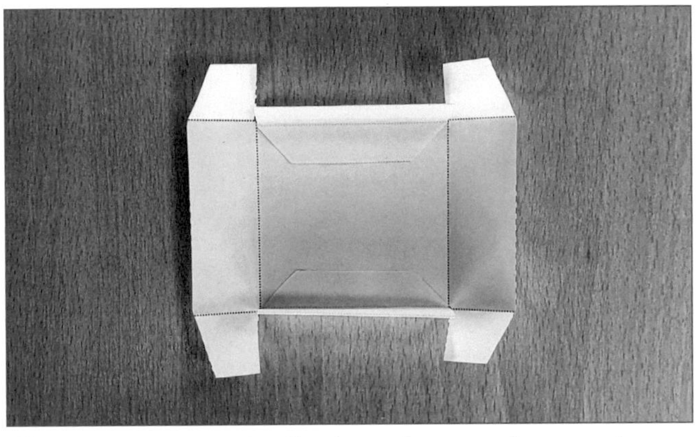

⑤ Klebe die Klebeflächen fest, sodass auf beiden Seiten zwei Laschen entstehen.

⑥ Stecke die kleinen Klappen in die Laschen. Verschließe die Box mit dem Deckel.

Große Innenseite mit Taschen

⑦ Schneide die Vorlage aus. Falte die Dreiecke nach innen und klebe sie an der Klebefläche zusammen.

⑧ Falte nun alle Quadrate einmal zur Mitte. Klebe die Rückseite in die Mitte deiner Grundbox.

Kleine Innenseite

⑨ Schneide die Vorlage aus. Falte alle Quadrate einmal zur Mitte. Klebe die Rückseite in die Mitte deiner Grundbox.

SO GESTALTEST DU DEINE EXPLOSIONSBOX:

Gestalte die Grundbox.

- *Du gestaltest zu jedem Teilthema eine Klappe deiner Explosionsbox.*
- *Überlege dir passende Teilüberschriften.*
- *Formuliere kurze erklärende Texte zum Bild bzw. Teilthema.*
- *Wähle einen passenden Gegenstand zum Thema aus, den du in deiner Box präsentieren möchtest.*

Mithilfe der Innenseiten kannst du weitere Klappen ergänzen.

Ergänze die Klappen durch kleine Faltelemente, die du auf die Klappen klebst und beschriftest.

Gestalte die Außenbox und den Deckel.

- *Gestalte beides passend zum Thema. Schreibe deinen Namen und das Thema auf den Deckel.*

Didaktisch-methodische Hinweise

Bei einem Lapbook handelt es sich um eine mehrfach aufklappbare Themenmappe, die im geschlossenen Zustand so groß ist, dass sie auf den Schoß (engl. „lap") passt. In dieser Mappe befinden sich wiederum viele verschiedene Faltelemente, wie Drehkreise, Leporellos, Briefumschläge usw. zu den einzelnen Teilthemen.

Zeitumfang für Erarbeitung und Gestaltung:

6–8 Unterrichtsstunden oder unterrichtsbegleitend

Themen:

alle Fachthemen, Übungsthemen

Vorbereitung:

- *Lapbook-Umschlag als Muster anfertigen*
- *evtl. Faltelemente-Muster anfertigen*
- *Vorlagen ausdrucken und kopieren*
- *evtl. Schablonen herstellen*
- *evtl. Musterplakat/Musterkartei für Faltvorlagen anfertigen*

Material:

- *KV Methodensteckbrief Lapbook (PDF)*
- *S. 95–96*
- *KV Titeletiketten (PDF)*
- *KV Faltbücher Lapbook (JPG, PowerPoint, PDF)*
- *S. 90–94*
- *KV Bewertungsbogen mit Selbstreflexion (PDF, Word)*

Benötigtes Zusatzmaterial:

- *je Schüler*in mind. 1 farbiger DIN-A3-Tonkarton*
- *1 farbiges DIN-A4-Kopierpapier*
- *Musterklammern, Heftgerät, Locher*
- *evtl. Prospekthülle oder Dokumentenhülle*

Lapbookumschlag

In eine mehrfach aufklappbare Lapbookhülle aus Tonkarton werden verschiedene Faltelemente geklebt. Für die Grundfaltung einer Lapbookhülle wird ein farbiger DIN-A3-Tonkarton als Tor gefaltet. In die Mitte wird ein farbiges DIN-A4-Papier geklebt.

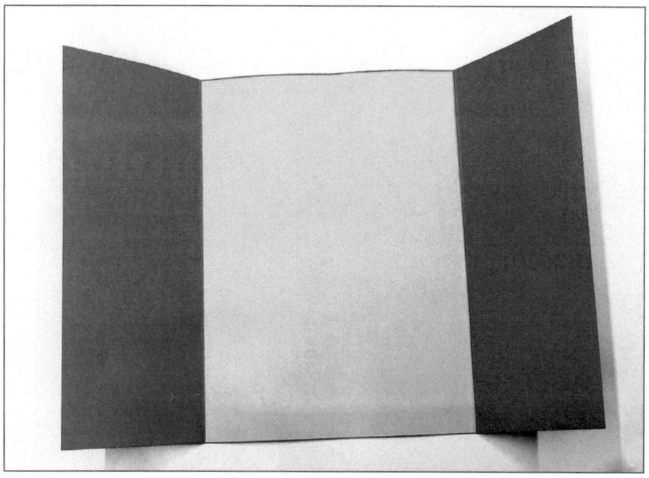

Je nach Umfang der Arbeitsergebnisse wird der Umschlag durch zusätzliche DIN-A3-Kartons oder Einzelklappen aus Tonkartonresten für weitere Minibücher erweitert. Für das Ankleben der Klappen eignet sich Papierklebeband.

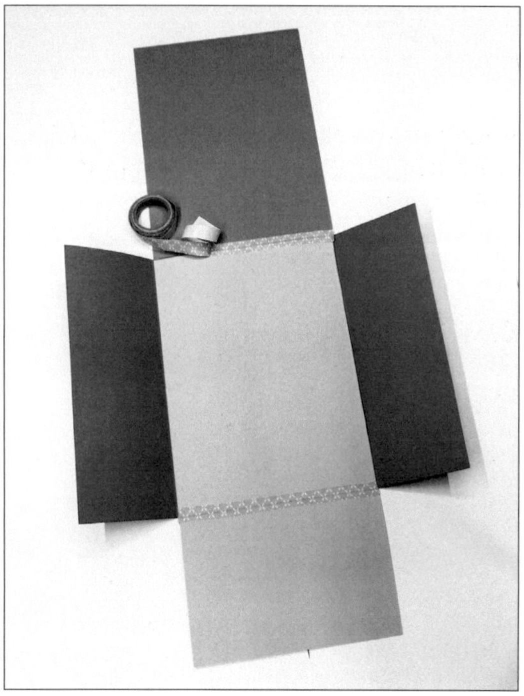

Des Weiteren ist es möglich, die Form der Lapbookhülle dem jeweiligen Thema auch optisch anzupassen.

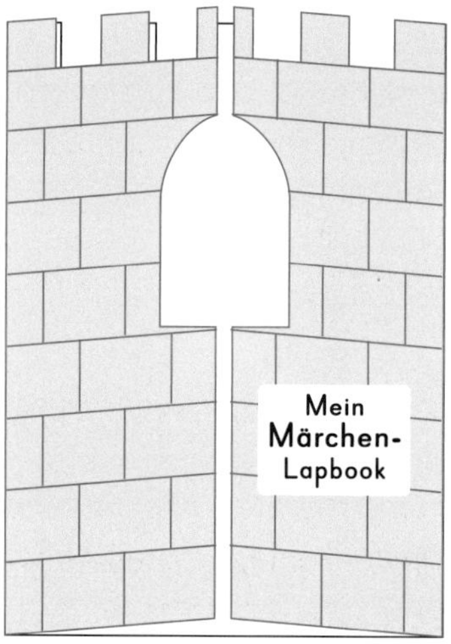

Passend zum Thema Märchen wurde der Umschlag als Rapunzelturm gestaltet.

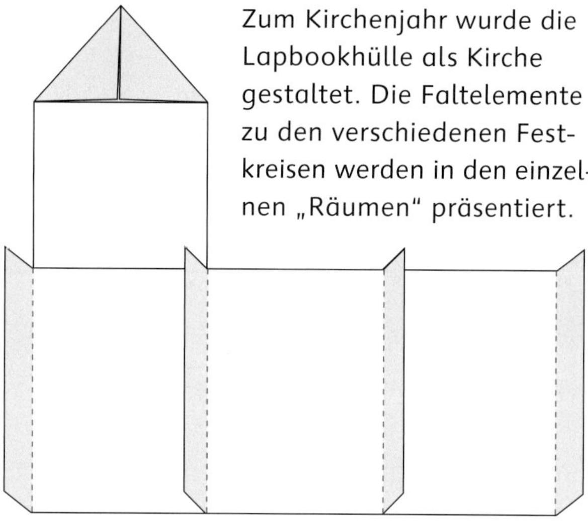

Zum Kirchenjahr wurde die Lapbookhülle als Kirche gestaltet. Die Faltelemente zu den verschiedenen Festkreisen werden in den einzelnen „Räumen“ präsentiert.

Wurden beim Lapbookumschlag mehrere Klappelemente gestaltet, bietet sich ein Verschluss zum Verschließen des Lapbooks an. Möglich sind z. B.:

- *Der Umschlag wird gelocht und mit einem Wollfaden verknotet.*
- *Der Lapbookumschlag wird mit selbstklebendem Klett verschlossen.*
- *Auf die Titelseite wird auf der linken und rechten Klappe ein Tonkartonstreifen geklebt, die zum Verschließen miteinander verschränkt werden.*

Faltvorlagen

Die Faltelemente entstehen mithilfe verschiedener Faltvorlagen, die den Schüler*innen kopiert zur Verfügung gestellt werden oder durch die Schüler*innen selbst entworfen werden. Neben Leim und Schere kommen bei einigen Faltelementen Musterbeutelklammern und Heftgeräte zum Einsatz.

KV Ansichten der Faltbücher (PDF)

S. 90–94

KV Faltbücher Lapbook (JPG, PowerPoint, PDF)

Um Kopien zu sparen, bietet sich bei vielen Faltvorlagen das Anfertigen von Schablonen an.

Schablonen, S. 10

Die Fotoübersicht der Faltelemente auf DIN A3 vergrößern und als Übersicht im Klassenzimmer aufhängen. Dies erleichtert den Schüler*innen die Auswahl passender Faltelemente bzw. hilft beim Falten.

Inhaltliche Gestaltung

LAPBOOKUMSCHLAG

Der Lapbookumschlag wird passend zum Thema mit Bildern oder Zeichnungen und mit der Themenüberschrift gestaltet.

Der Lapbookumschlag wird zunächst nur mit dem Namen und der Klasse versehen. Die thematische Gestaltung sollte erst erfolgen, wenn die Schüler*innen sich das Thema bereits inhaltlich erarbeitet haben. Als einfache Variante werden zunächst Titeletiketten aufgeklebt und von den Schüler*innen beschriftet.

Name: ....

....

Klasse: ....

Fach: ....

Zeitraum: ....

KV Titelettiketten (PDF)

FALTELEMENTE

Zu jedem Teilthema des Themas wird ein eigenes Faltelement gestaltet und beschrieben. Auf die sichtbaren Klappen bzw. Felder der geschlossenen Faltelemente werden die Teilüberschriften bzw. Fragestellungen notiert. Die jeweiligen Informationen werden auf die Rückseiten geschrieben, sodass diese erst sichtbar sind, wenn die Faltelemente geöffnet werden. Die Faltelemente können mit Farben, Symbolen bzw. Illustrationen ergänzend gestaltet werden. Beim Aufkleben der Faltelemente ist darauf zu achten, dass diese nicht aus der Lapbookhülle herausschauen.

Wichtiges zur Herstellung der Faltelemente, S. 8–10

Hinweis:
Die Faltvorlagen sollten erst hergestellt und dann beschrieben werden, da die Schriftrichtung oft variiert.

Differenzierung

ARBEITSTEMPO

Differenzieren Sie das Arbeitstempo über die Anzahl der zu gestaltenden Faltelemente. Um ein Lapbook in Grundfaltung zu füllen, werden etwa 8 Faltelemente benötigt. Zur Orientierung gilt folgende Faustregel: 2 – 4 – 2 (je zwei in den Seitenklappen, 4 in der Lapbookmitte).

ARBEITSTECHNIKEN

✦ *Eigenrecherche oder konkrete Sachtexte für die Erarbeitung des Inhalts vorgeben*

Arbeitsplanung, S. 14

LEISTUNGSNIVEAU

Durch unterschiedliche Aufgabenstellungen und Impulse können Sie den Schwierigkeitsgrad variieren.

Thematische Faltelemente:
Die Schüler*innen ergänzen die geforderten Informationen auf thematischen Faltelementen, die das Thema bereits vorstrukturieren.

Blankofaltvorlagen:
Aus einem Fundus von Faltvorlagen wählen die Schüler*innen passende Vorlagen zu den jeweiligen Teilthemen aus und strukturieren die Inhalte ihrer Themen selbst.

INTERESSE

Die Teilthemen werden als Pflicht- und Wahlthemen angeboten. Zusätzlich besteht die Möglichkeit, eigene Teilthemen zu formulieren. Zu jedem Teilthema entsteht ein neues Faltelement.

HERSTELLUNG

Beim Erstellen eines Lapbooks haben die Schüler*innen die Möglichkeit, zwischen mehreren Faltelementen zu wählen. Hier kann es sinnvoll sein, eine Vorauswahl zu treffen, um die Schüler*innen nicht zu überfordern.

Faltvorlagen im Klassensatz, S. 10

Die Schüler*innen nutzen fertige Faltvorlagen oder stellen eigene aus Blankoblättern her. Hier bietet sich ebenfalls der Einsatz von Schablonen an.

Schablonen, S. 10

Zum strukturierten Aufkleben der Inhalte kann im Vorfeld eine Skizze erstellt werden. Diese wird verkleinert aus einem DIN-A4- oder DIN-A3-Blatt analog zum Lapbookumschlag gefaltet und die geplanten Faltelemente mit den jeweiligen Inhalten skizziert.

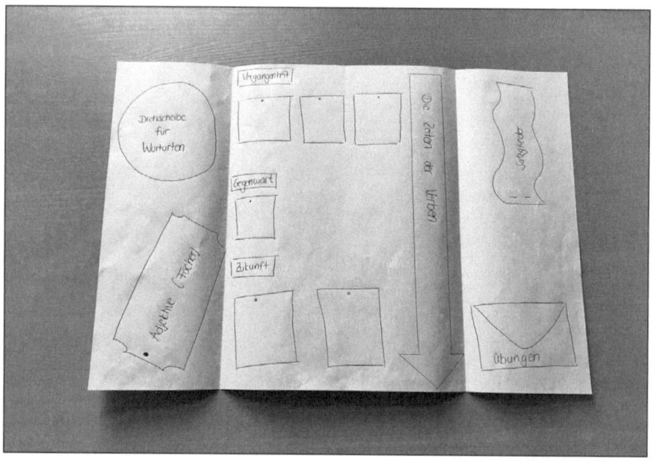

Differenzierung, S. 11–14

Einsatzmöglichkeiten

Am Ende der Stunde wird ein Faltelement statt eines Hefteintrages bzw. Arbeitsblatt für das Lapbook angefertigt.

In einer Lerntheke oder Stationsarbeit werden Aufgabenstellungen für unterschiedliche Minibücher vorgegeben. Dazu gibt es Pflicht- und Wahlaufgaben.

Das gesamte Lapbook wird als selbstständiges Projekt von den Schüler*innen erarbeitet und gestaltet. Die Schüler*innen sammeln Informationen, erarbeiten wichtige Inhalte und dokumentieren ihre Ergebnisse in ihrem Lapbook.

Das Lapbook wird als Nachschlagewerk für Merkstoff über das gesamte Schuljahr oder mehrere Schuljahre angefertigt. Wichtiges Fachwissen wird jeweils in einem Minibuch festgehalten. Bei Bedarf können die Schüler*innen im Unterricht nachschlagen und auf das Wissen zurückgreifen. Der Vorteil eines Lapbooksprinzips ist dabei, dass es während des Arbeitsprozesses immer wieder durch neue Klappen erweitert und inhaltlich ergänzt werden kann.

Das Lapbook wird zur Wiederholung und Vorbereitung von Leistungsüberprüfungen erarbeitet.

Einsatzmöglichkeiten, S. 7–8

Präsentation

- *Vorstellung in Kleingruppen*
- *Gallery-Walk*
- *Pinnwand*
- *Kugellager*
- *Ausstellung*

Vorteile der Präsentationsmethoden, S. 5

Aufbewahrung

Das zusammengefaltete Lapbook wird in einer DIN-A4-Prospekthülle im Hefter aufbewahrt.

Handelt es sich um ein umfangreicheres Lapbook, bieten sich Dokumentenhüllen an, in die das Lapbook seitlich eingeschoben wird. Diese sind strapazierfähiger und können auch mehr Material fassen.

Bewertung

Zusätzlich zu den allgemeinen Bewertungskriterien (siehe S. 16–19) können folgende Aspekte berücksichtigt werden:

- *Es wurden passende Teilthemen ausgewählt.*
- *Die Faltelemente wurden sinnvoll angeordnet.*
- *Es wurden zu den Teilthemen passende Faltelemente ausgewählt.*
- *Der Lapbook-Umschlag wurde passend zum Thema gestaltet.*

KV Bewertungsbogen mit Selbstreflexion (PDF)

Hinweise zu den digitalen Vorlagen

Alle Faltelemente sind editierbar und können für die Schüler*innen mit Überschriften, Texten oder Bildern sowohl auf der Vorder- als auch auf der Rückseite thematisch vorstrukturiert werden. In den Vorlagen sind dazu bereits Textfelder mit den entsprechenden Textrichtungen eingefügt.

Editieren mit PowerPoint, S. 21–22

Soll sowohl die Vorder- als auch die Rückseite vorbereitet werden, muss die PowerPointfolie der Faltvorlage dupliziert und gespiegelt werden. Die fertigen Vorlagen werden anschließend doppelseitig ausgedruckt.

Doppelseitiges Drucken, S. 22

Variante

Alle Faltelemente können auch beim Interactive Notebook oder verkleinert in der Exposionsbox zum Einsatz kommen. Möglich ist auch ein alternativer Hefteintrag oder die Gestaltung von Plakaten, bei denen die Faltelemente genutzt werden.

Interactive Notebook, S. 97–101

Explosionsbox, S. 79–84

KV Ansichten der möglichen Faltbücher (1/5)

		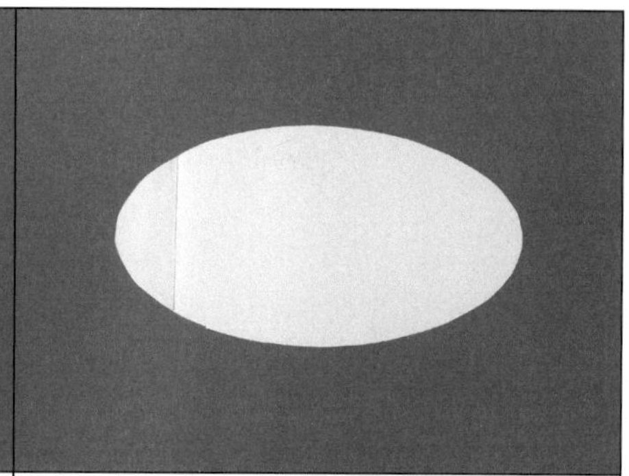
01 KV Wolken-Klappe	02 KV Einschätzungs-Klappe	03 KV Oval-Klappe
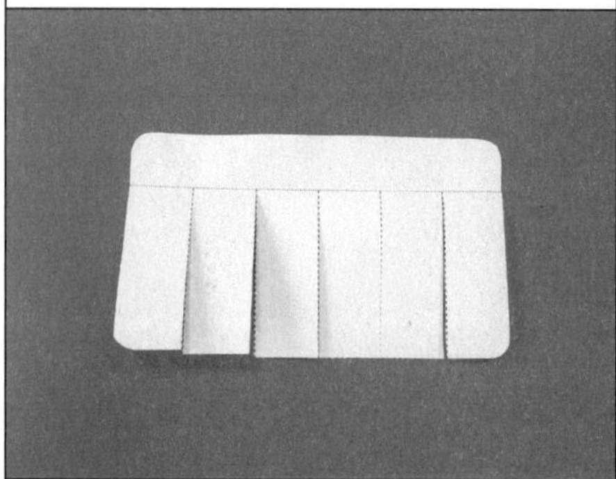	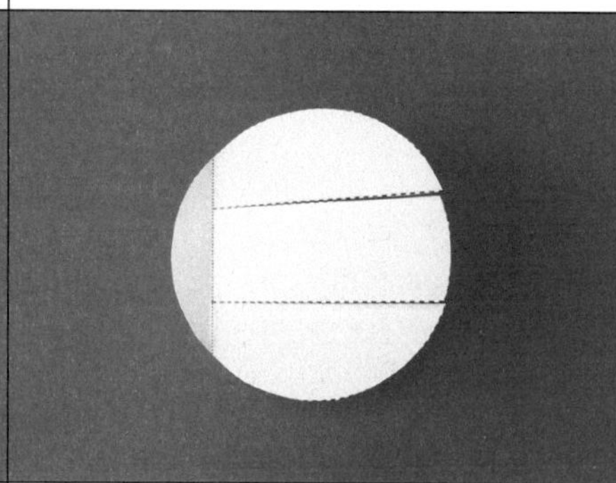	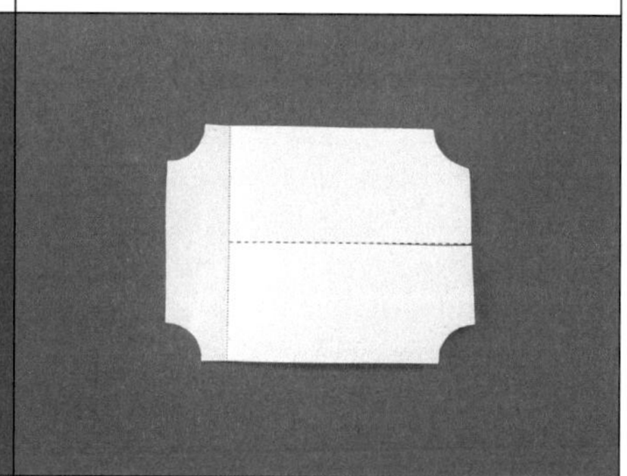
04 KV Klappe mit sechs Flip-Flap	05 KV Kreis-Klappe mit drei Flip-Flap	06 KV Rahmen-Klappe mit zwei Flip-Flap
		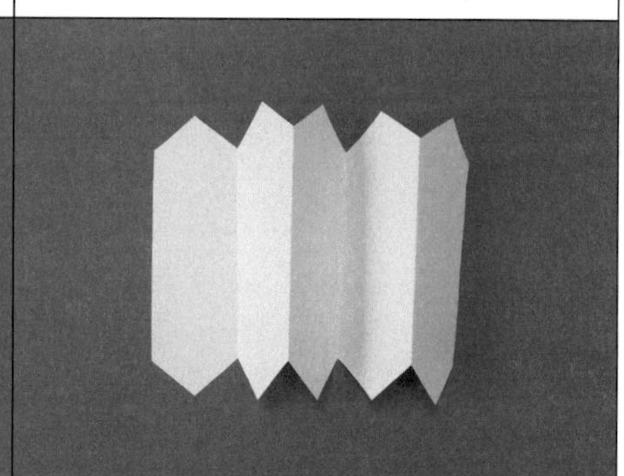
07 KV Herz-Leporello	08 KV Rechtecks-Leporello	09 KV Großes-Leporello

10 KV Dreifaches-Leporello	11 KV Dreiecks-Klappbuch	12 KV Pfeil-Klappbuch

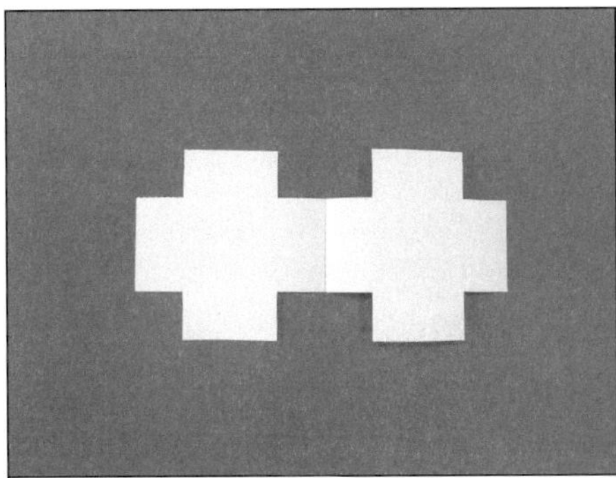
13 KV Plus-Klappbuch

14 KV Buch-Klappbuch

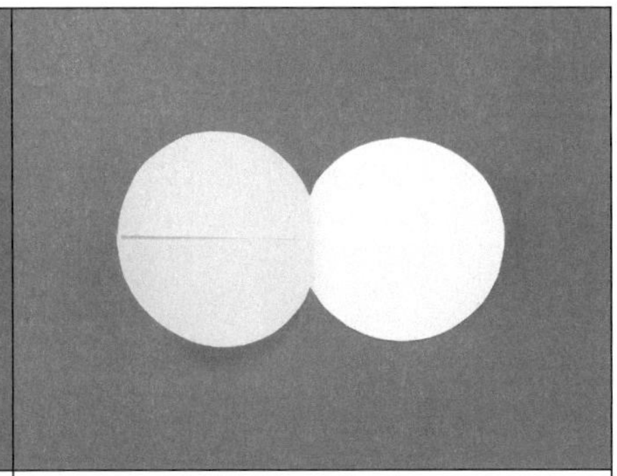
15 KV Kreis-Klappbuch mit zwei Flip-Flap

16 KV Achtecks-Klappbuch mit zwei Flip-Flap

17 KV Rechtecks-Klappbuch mit Flip-Flap

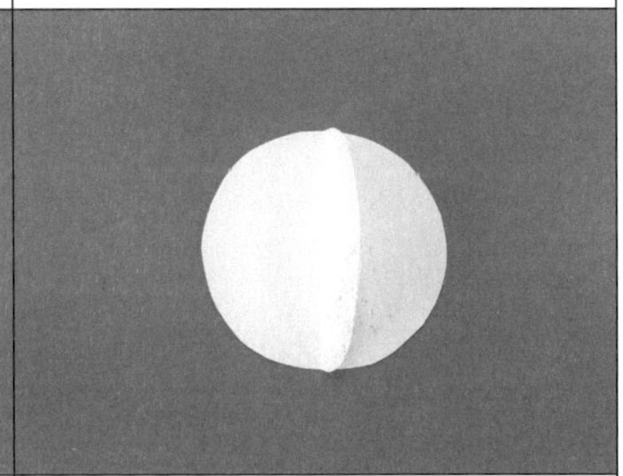
18 KV Kreis-Wendebuch

19 KV Dreiecks-Wendebuch

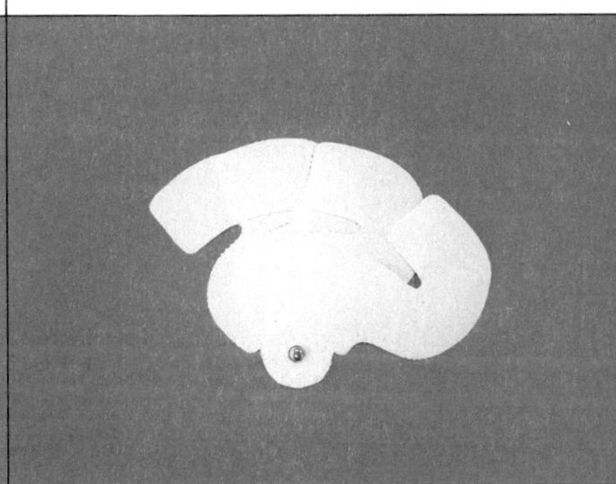
20 KV Fragezeichen-Fächer

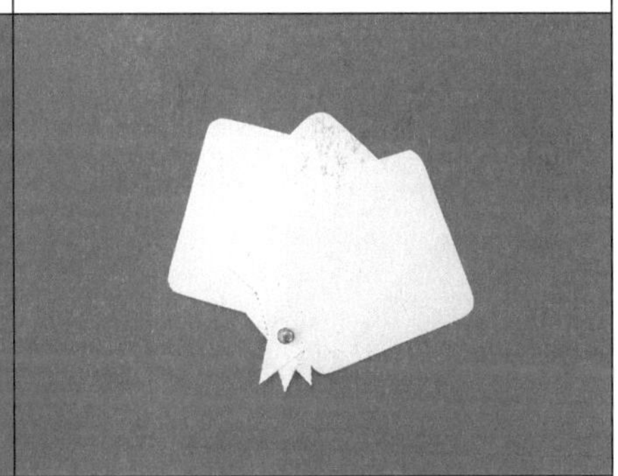
21 KV Sprechblasen-Fächer

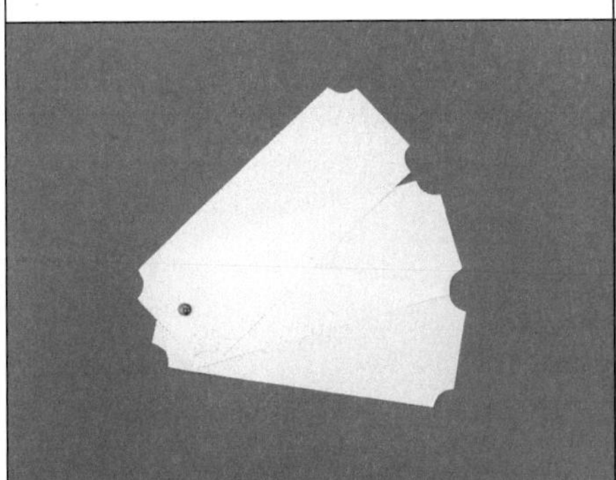
22 KV Ticket-Fächer

23 KV Tropfen-Heft

24 KV Sternen-Heft

KV Ansichten der möglichen Faltbücher (3/5)

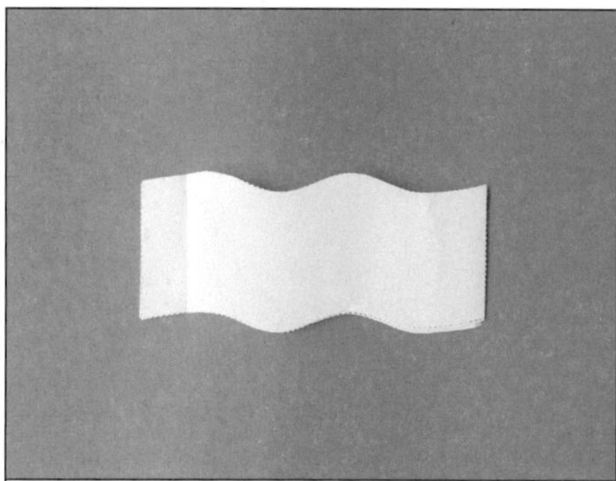

25 KV Wellen-Heft

26 KV Flügeltür

27 KV Flügeltür Torbogen

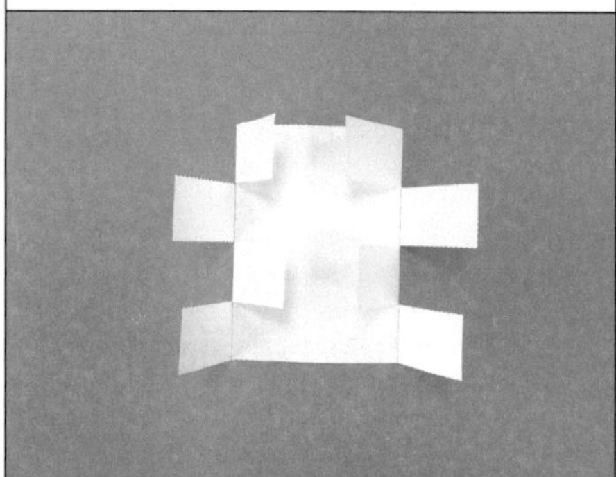

28 KV Flügeltür mit acht Flip-Flap

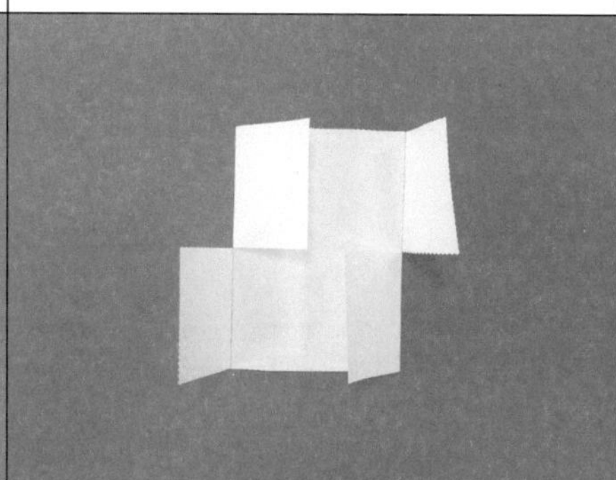

29 KV Flügeltür mit vier Flip-Flap

30 KV Schmetterling

31 KV Pfeil

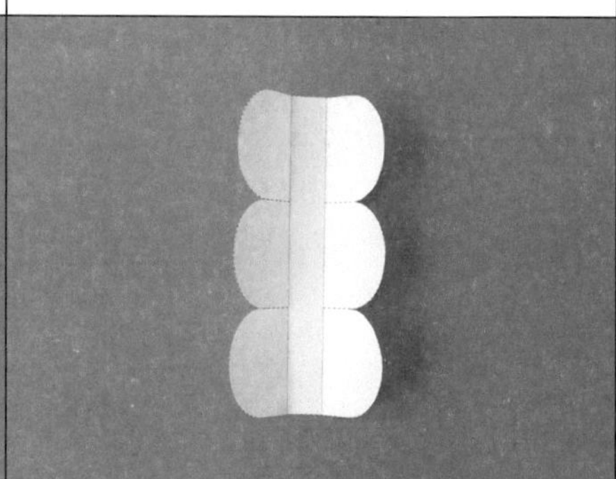

32 KV Schmetterling mit sechs Flip-Flap

33 KV Register mit drei Seiten

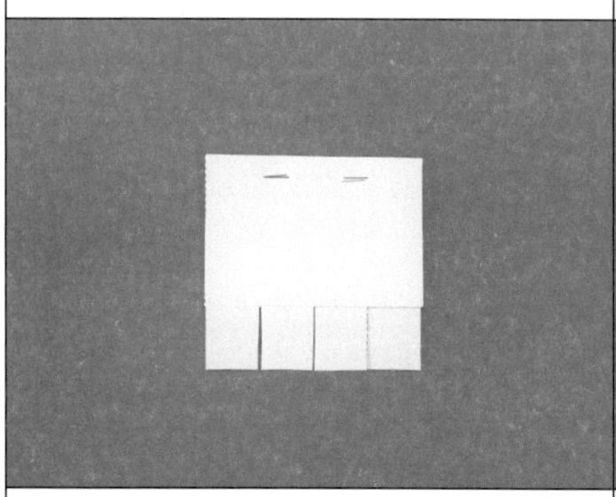

34 KV Register mit vier Seiten

35 KV Stufenbuch fünf Seiten

36 KV Ovales Flipbook mit drei Seiten

KV Ansichten der möglichen Faltbücher (4/5)

	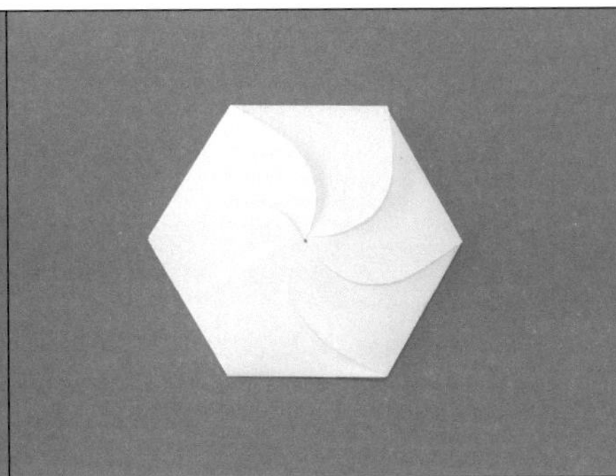	
37 KV Faltblume mit vier Blättern	38 KV Faltblume mit sechs Blättern	39 KV Dreiecks-Faltblume
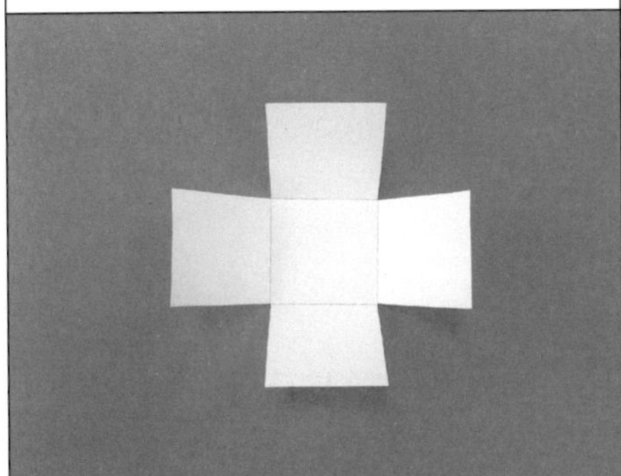		
40 KV Kreuz-Faltblume	41 KV Vierecks-Faltblume	42 KV Streichholzbrief

43 KV Kleiner Streichholzbrief	44 KV Streichholzbrief mit fünf Flip-Flap	45 KV Streichholzbrief mit zwei Flip-Flap
		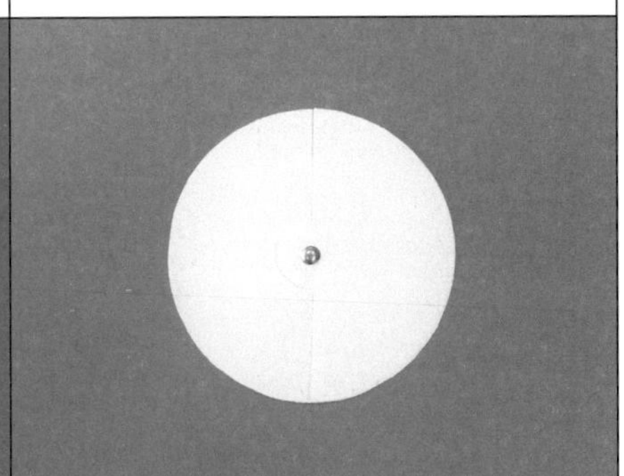
46 KV Kleiner Briefumschlag	47 KV Großer Briefumschlag	48 KV Drehkreis mit zwei Feldern

KV Ansichten der möglichen Faltbücher (5/5)

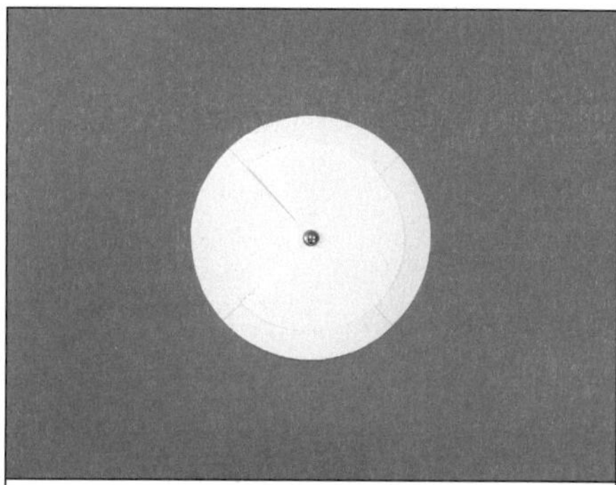

49 KV Drehkreis mit vier Feldern

50 KV Blumenzauberbuch

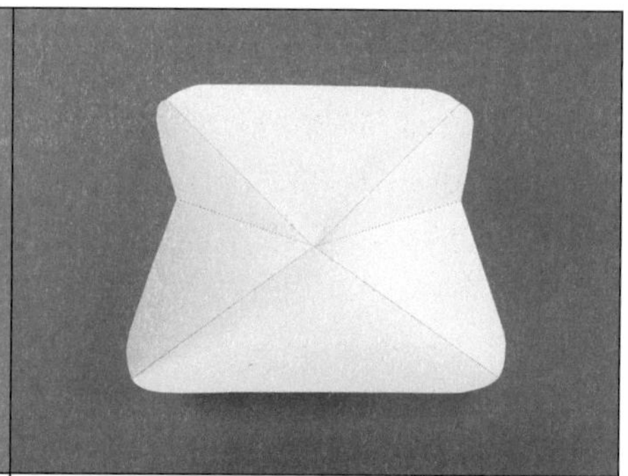

51 KV Viereck-Zauberbuch

52 KV Spitzen-Dreiseitenbuch

53 KV Dreiseitenbuch

54 KV Dreiseitenbuch mit 3 Flip-Flap

55 KV Pop-Up

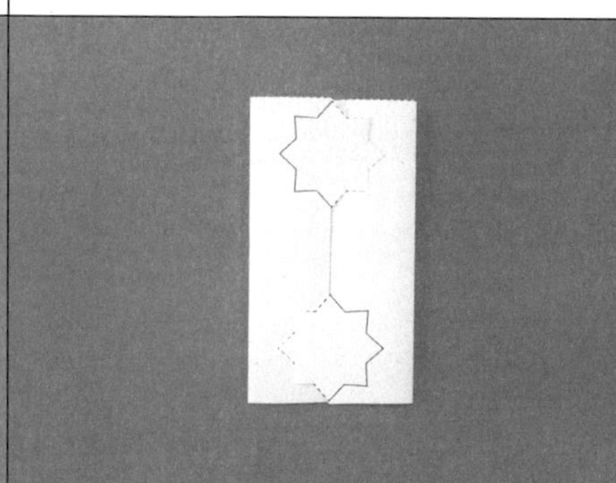

56 KV Stern-Schlossbuch

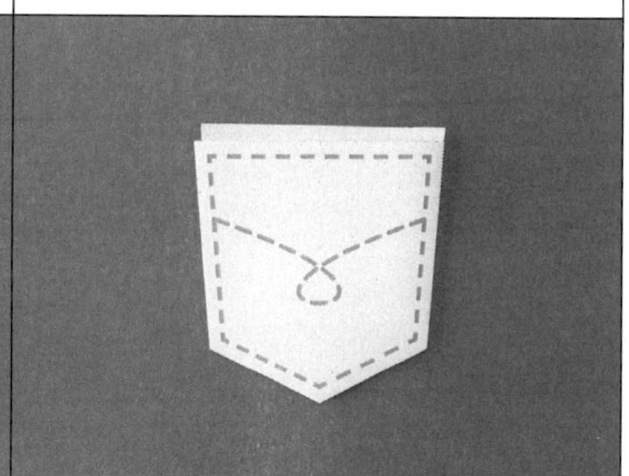

57 KV Jeanstasche

58 KV Memo

59 KV Domino

60 KV Schriftrolle

Was ist ein Lapbook?

Ein Lapbook ist eine mehrfach aufklappbare Sammelmappe zu einem Thema. Für jedes Teilthema gestaltest du ein Faltelement, dass zum Lesen z. B. geklappt, gedreht oder aufgeschlagen werden muss.

Dieses Material benötigst du:

- *mind. 1 DIN-A3-Tonkarton*
- *1 DIN-A4-Tonpapier/Kopierpapier*
- *Tonkartonreste*
- *Papierklebeband*
- *Musterklammern, Heftgerät, Leim, Schere*
- *Faltvorlagen für Minibücher*

SO STELLST DU EINEN LAPBOOKUMSCHLAG HER:

① Falte einen farbigen DIN-A3-Tonkarton in der Mitte.

② Öffne den Tonkarton wieder. Falte nun beide Seiten zur Mitte.

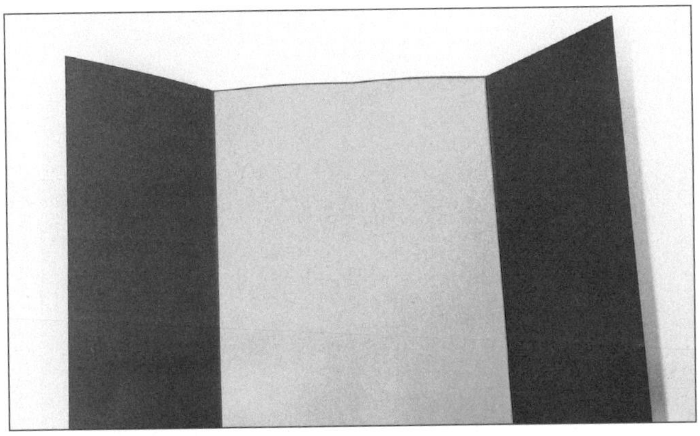

③ Klebe ein farbiges DIN-A4-Papier in die Mitte.

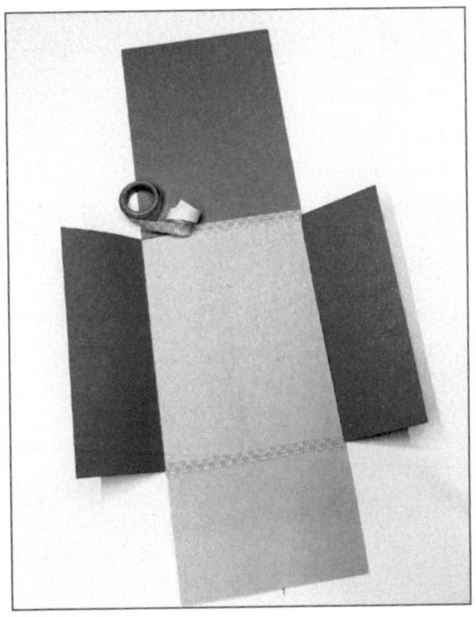

④ Klebe mit Papierklebeband weitere Klappen aus Tonkarton an, wenn du mehr Platz für deine Minibücher benötigst.

Für ein mehrfach aufklappbares Lapbook kannst du während deiner Arbeit weitere Lapbookumschläge an den Seitenklappen oder an den Kanten ankleben.

SO GESTALTEST DU DEIN LAPBOOK:

Gestalte den Lapbook-Umschlag.

- *Gestalte die Titelseite mit Bildern und Zeichnungen passend zum Thema.*
- *Vergiss nicht, deinen Namen, deine Klasse, das Unterrichtsfach und das Thema auf den Umschlag zu schreiben.*

Gestalte zu jedem Teilthema ein Minibuch.

- *Wähle eine passende Faltvorlage aus, die zum Inhalt deines Teilthemas passt. Schaue z. B., für wie viele Schwerpunkte du Felder oder Klappen benötigst.*
- *Überlege, wie du deine Inhalte sinnvoll im Minibuch anordnen kannst. Schreibe dazu alle notwendigen Informationen zunächst auf ein Extrablatt.*
- *Falte das Minibuch laut Faltanleitung.*
- *Schreibe die Fragestellung oder Teilüberschriften auf das geschlossene Minibuch. Die Inhalte sollten erst zu lesen sein, wenn das Minibuch geöffnet wird.*
- *Ordne deine fertigen Minibücher in deinem Lapbookumschlag an und klebe sie fest.*

Didaktisch-methodische Hinweise

Beim einem Interactive Notebook arbeiten die Schüler*innen mit einem Notizbuch (engl. Notebook), in dem wichtige Inhalte des Unterrichts mit Einträgen und faltbaren Elementen zum Nachschlagen und Wiederholen festgehalten werden. Zur Strukturierung wird zusätzlich mit einem Inhaltsverzeichnis oder Registertabs gearbeitet.

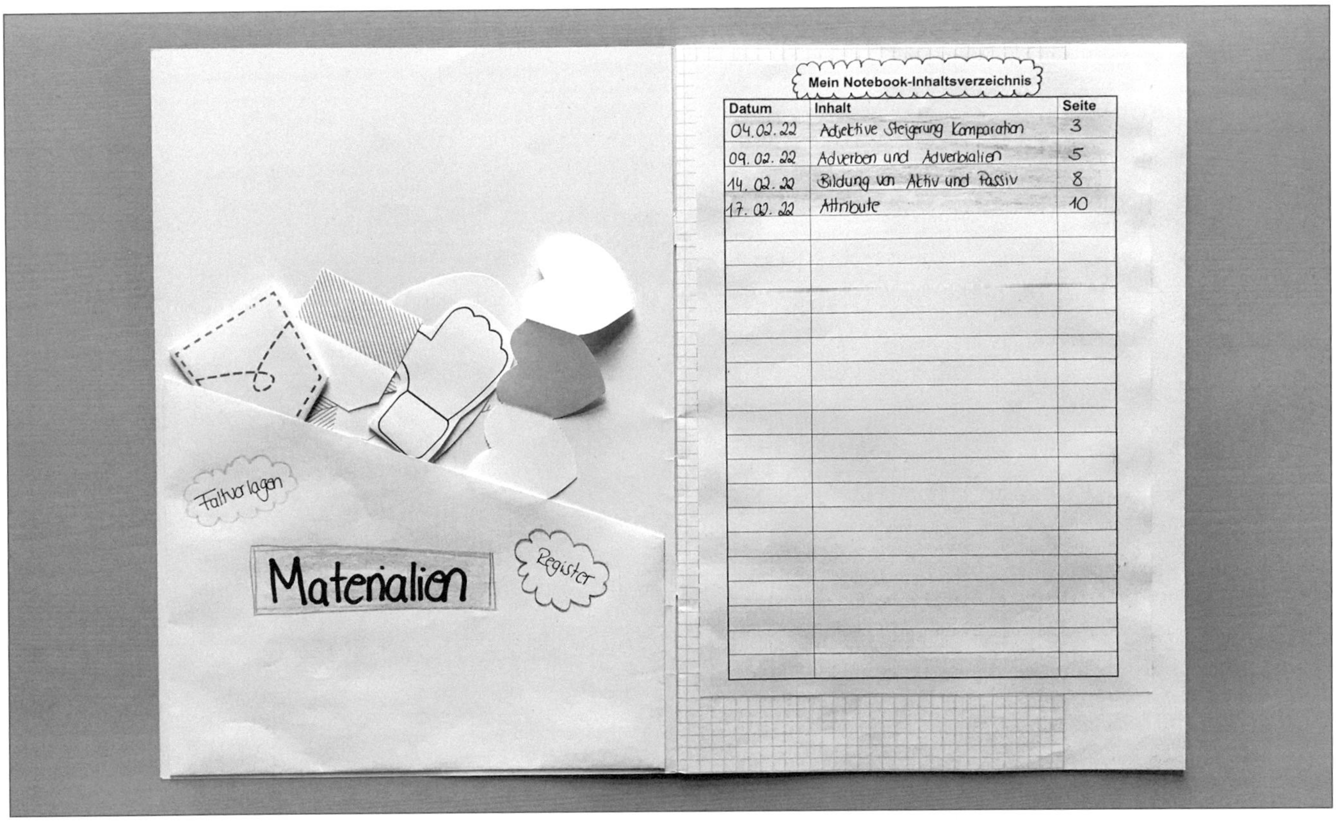

Zeitumfang für Erarbeitung und Gestaltung:

Begleitend zur Unterrichtseinheit bzw. über das ganze Schuljahr

Themen:

Grundlegendes Merkwissen, Nachschlagewerk, Lernportfolio

Vorbereitung:

- *Notebookeintrag als Muster anfertigen*
- *Vorlagen ausdrucken und kopieren*
- *Faltelemente ausdrucken und kopieren (siehe: KV Faltbücher Lapbook)*
- *evtl. Musterplakat/Musterkartei für Faltvorlagen anfertigen*

Material:

- *KV Methodensteckbrief Interactive Notebook (PDF)*
- *S. 102–103*
- *KV Inhaltsverzeichnis (PDF, Word)*
- *KV Registertabs (JPG, PowerPoint)*
- *KV Hefttaschen (JPG, PowerPoint, PDF)*
- *KV Bewertungsbogen mit Selbstreflexion (PDF, Word)*

Benötigtes Zusatzmaterial:

- *Heftvariante: je Schüler*in ein DIN-A4-Heft*
- *evtl. selbstklebende Registertabs oder Registerkarten oder Register*
- *Ordnervariante: schmaler Ringordne*
- *evtl. DIN-A5-Briefumschlag*

Notebook-Notizbuch

NOTIZBUCH ANLEGEN

Für die Methode des Interactive Notebook legen die Schüler*innen ein DIN-A4-Heft für ihre Einträge an. Je nach Umfang der geplanten Einträge sollte beim Kauf auf die Seitenzahl des Heftes geachtet werden. Für die Haltbarkeit bieten sich Hefte mit stärkerem Einband oder Umschläge an.

Ist ein Heft vollständig ausgefüllt, wird ein weiteres Heft auf die Rückseite angeklebt.

Hinweis:
Alternativ kann auch mit Ringbuchblöcken gearbeitet werden. Die Schüler*innen sollten hier jedoch darauf hingewiesen werden, keine Seiten für andere Aufgaben zu entfernen, damit genügend Seiten zur Verfügung stehen.
Zum Aufbewahren noch nicht verwendeter Registertabs oder noch nicht fertiggestellter Faltelemente bieten sich Hefttaschen an, die auf die Innenseite des Heftumschlags geklebt werden.

KV Hefttaschen (JPG, PDF, PowerPoint)

Alternative
Statt der Taschen werden DIN-A5-Briefumschläge für die Registertabs und unfertigen Faltelemente verwendet.

STRUKTURIERUNG DER INHALTE

Als Übersicht und zum Nachschlagen der erarbeiteten Inhalte wird beim Interactive Notebook von Anfang an mit einem Inhaltsverzeichnis oder der Einteilung mit Registertabs gearbeitet.

Inhaltsverzeichnis

Für das Inhaltsverzeichnis werden je nach geplantem Umfang der Einträge die ersten 2–3 Seiten freigelassen. Der Aufbau des Inhaltsverzeichnisses wird zu Beginn erstellt und mit jedem neuen Eintrag ergänzt.

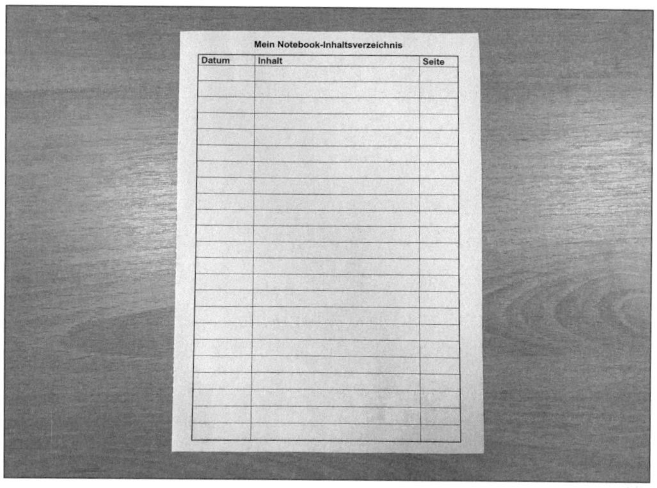

Beim ersten Anlegen eines Notebooks bietet es sich an, eine Vorlage für das Inhaltsverzeichnis einzukleben.

KV Inhaltsverzeichnis (PDF, Word)

Registertabs

Eine Alternative zum Anlegen eines Inhaltsverzeichnisses ist der Einsatz von Registertabs. Die Registertabs werden ausgeschnitten und bei einem neuen inhaltlichen Eintrag an die Rückseite der jeweiligen Heftseite geklebt. Die Vorlage ist sowohl in einer Schwarz-Weiß-Variante als auch in einer Farbvariante im digitalen Material enthalten.

KV Registertabs (PDF, PowerPoint)

Hinweise:
Die Registertabs werden fortlaufend untereinander geklebt. Sind die Schüler*innen einer Heftseite an der unteren Heftkante angelangt, wird beim nächsten Eintrag wieder von oben begonnen.

Alternative:
Es wird mit selbstklebenden Registertabs zum Beschriften gearbeitet. Diese sind im Handel erhältlich.

FALTELEMENTE

Die wesentlichen Inhalte der Hefteinträge werden zur Visualisierung und Strukturierung mit faltbaren Elementen umgesetzt. Dabei handelt es sich um typische Faltelemente, die auch bei der Arbeit mit einem Lapbook oder der Erstellung einer Klapp-Map zum Einsatz kommen. Weitere Hinweise und Faltanleitungen zu den einzelnen Elementen sind in den entsprechenden Kapiteln zu finden.

Klapp-Maps, S. 58–62

KV Klapp-Mindmap

KV Klapp Concept-Map

Lapbook, S. 85–96

KVs Faltvorlagen Lapbooks

Wichtiges zur Herstellung der Faltelemente, S. 8–10

Inhaltliche Gestaltung

THEMENSEITEN

Jeder thematische Schwerpunkt wird auf einer neuen Einzelseite bzw. Doppelseite im Interactive Notebook dargestellt. Die Schüler*innen notieren die Überschrift und stellen ein geeignetes Faltelement zum Thema her. Dieses wird auf die Heftseite geklebt. Die Inhalte können sowohl auf die Faltelemente bzw. bei Klappen auf die verdeckten Flächen im Heft geschrieben werden. Auf die sichtbaren Klappen bzw. Felder der geschlossenen Faltelemente werden die Teilüberschriften bzw. Fragestellungen notiert. Die jeweiligen Informationen werden auf die Rückseiten geschrieben, sodass diese erst sichtbar sind, wenn die Faltelemente geöffnet werden. Die Faltelemente können mit Farben, Symbolen bzw. Illustrationen ergänzend gestaltet werden.

Hinweis:
Die Faltvorlagen sollten erst hergestellt, eingeklebt und dann beschrieben werden, da die Schriftrichtung oft variiert.

INHALTSVERZEICHNIS/REGISTERTABS

Zu jedem erstellten Eintrag wird das Inhaltsverzeichnis mit der entsprechenden Überschrift und Seitenzahl ergänzt. Dazu werden die Seitenzahlen auch auf die Heftseiten geschrieben.
Wird mit Registertabs gearbeitet, werden neue Registertabs beschriftet und angeklebt, sobald ein neues Thema beginnt.

Einsatzmöglichkeiten

Beim Interactive Notebook werden Hefteinträge zu einer Unterrichtseinheit oder über das gesamte Schuljahr begleitend zu allen Themen des Unterrichts als individuelles Lernportfolio angelegt.

Einsatzmöglichkeiten, S. 7–8

Differenzierung

ARBEITSTEMPO

Aufgrund der Auswahl verschiedener Faltelemente kann der Umfang der einzelnen Teilthemen reduziert werden.

ARBEITSTECHNIKEN

Das Inhaltsverzeichnis wird selbst angelegt oder als KV vorgegeben (z. B. auch mit bereits eingetragenen Schwerpunkten), sodass nur die Seitenzahlen ergänzt werden müssen.

LEISTUNGSNIVEAU

Unterschiedliche Schwierigkeitsgrade durch Aufgabenstellung und Impulse, z. B.:

- *Die Faltelemente werden thematisch vorstrukturiert und mit konkreter Aufgabenstellung versehen. Dabei können Inhalte, Teilüberschriften und Symbole bereits vorgegeben werden.*
- *Die Faltelemente werden passend zum Thema selbst ausgewählt und inhaltlich gestaltet.*

INTERESSE

Die Schüler*innen formulieren eigene Lernziele und damit verbundene Schwerpunkte. Dazu gestalten sie jeweils eine Themenseite.

HERSTELLUNG

- *Geben Sie bestimmte Faltelemente vor, die sich für ein Thema eignen oder stellen Sie eine Vorlagensammlung zusammen.*
- *Die Hefttaschen werden entsprechend der Verwendung beschriftet bzw. mit entsprechenden Symbolen versehen (z. B. Registertabs, noch fertigstellen).*

Faltvorlagen im Klassensatz, S. 10

Differenzierung, S. 11–14

Präsentation

Grundlegend handelt es sich beim Interactive Notebook um das Anlegen eines Portfolios; das Präsentieren steht hierbei nicht im Mittelpunkt. Möglich sind jedoch folgende Präsentationsformen:

- *Vorstellung in Kleingruppen*
- *Gallery-Walk*
- *Lernen/Wiederholen*
- *Vorbereitung für Leistungsüberprüfungen*
- *Nachschlagewerk im Unterricht*

Vorteile der Präsentationsmethoden, S. 5

Bewertung

Zusätzlich zu den allgemeinen Bewertungskriterien können folgende Aspekte bei der Bewertung berücksichtigt werden:

- *Es wurde ein Inhaltsverzeichnis angelegt und fortlaufend geführt.*
- *Nummerierung mit Seitenzahlen*
- *Registertabs zur Strukturierung wurden beschriftet und passend angeklebt.*
- *übersichtliche Anordnung der Einzelthemen auf einer Seite bzw. Doppelseite*
- *Es wurden passende Überschriften formuliert und diese optisch hervorgehoben.*

KV Bewertungsbogen mit Selbstreflexion (PDF, Word)

Bewertungsmöglichkeiten, S. 16–19

Variante

Zum Einstieg bzw. Austesten der Methode kann ein Notebook-Eintrag auch als alternativer/besonderer Eintrag im Hefter der Schüler*innen angelegt werden.

Hinweise zu den digitalen Vorlagen

KV Inhaltsverzeichnis

Zur Differenzierung können hier bereits Überschriften vorgegeben werden.

KV Registertabs

Die Registertabs können bereits mit strukturierenden Teilüberschriften versehen werden. Die farbige Variante kann zur optischen Strukturierung gewählt werden.

KV Hefttaschen

Zur Orientierung können beide Hefttaschen beschriftet werden, damit die Schüler*innen auf den ersten Blick sehen, was in den einzelnen Taschen aufbewahrt werden soll.

Die Faltvorlagen des Lapbooks können auch für das Interactive Notebook bearbeitet werden.

KVs Lapbookvorlagen

Alle Faltelemente sind editierbar und können für die Schüler*innen mit Überschriften, Texten oder Bildern sowohl auf der Vorder- als auch auf der Rückseite thematisch vorstrukturiert werden.
In den Vorlagen sind dazu bereits Textfelder mit den entsprechenden Textrichtungen eingefügt.

Editieren mit PowerPoint, S. 21–22

Editieren mit Word, S. 20

Soll sowohl die Vorder- als auch die Rückseite vorbereitet werden, muss die PowerPointfolie der Faltvorlage dupliziert und gespiegelt werden. Die fertigen Vorlagen werden anschließend doppelseitig ausgedruckt.

Doppelseitiges Drucken, S. 22

Was ist ein Interactive Notebook?

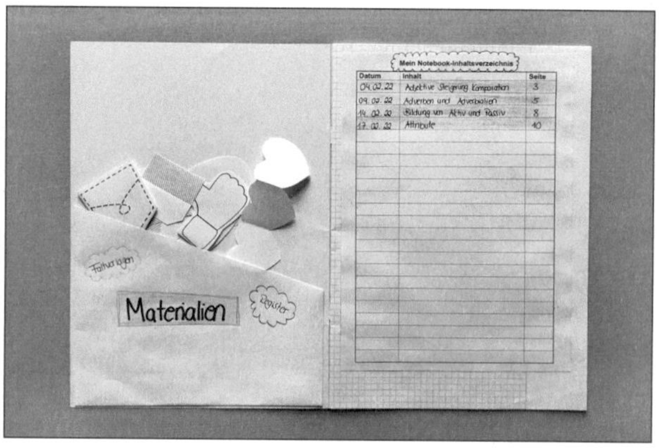

Bei einem Interactive Notebook gestaltest du ein Heft mit grundlegendem Wissen zu einem Fach oder ein Themenheft als Nachschlagewerk. Für deine Einträge verwendest du Faltelemente, die erst „bewegt“ werden müssen, bevor der Inhalt sichtbar wird.

Dieses Material benötigst du:

- *1 DIN-A4-Heft*
- *KV Hefttasche*
- *Kopiervorlage Inhaltsverzeichnis oder Kopiervorlage Registertabs*
- *verschiedene Faltvorlagen*
- *Klebestift, Schere*
- *Buntstifte*

SO LEGST DU EIN INTERACTIVE NOTEBOOK AN:

① Schneide die Kopiervorlage Hefttasche aus. Falte die Klebeflächen nach hinten. Klebe die Tasche mit den Klebeflächen auf den linken Innendeckel deines Heftes. Bei Bedarf kannst du zusätzlich auch eine rechte Hefttasche einkleben.

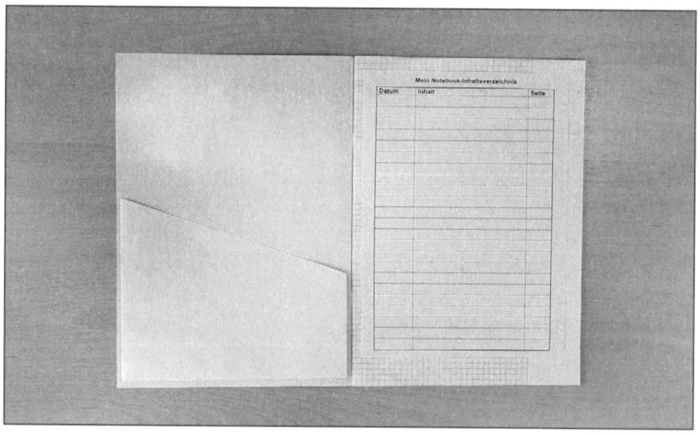

② Lege auf der ersten Seite deines Heftes ein Inhaltsverzeichnis mit folgendem Tabellenkopf an: Datum, Inhalt, Seite. Alternativ kannst du die die Kopiervorlage Inhaltsverzeichnis auf die erste Seite kleben. Ergänze nach jedem Eintrag in dein Heft das Inhaltsverzeichnis.

Hinweis: Lasse für dein Inhaltsverzeichnis mindestens zwei Seiten frei, bevor du mit dem ersten Eintrag beginnst.

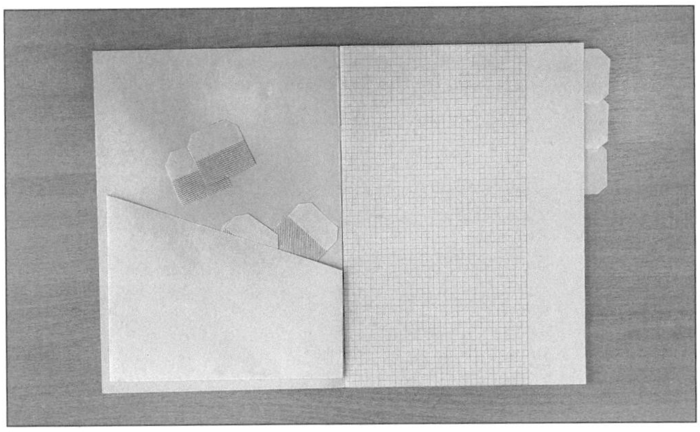

③ Statt eines Inhaltsverzeichnisses kannst du auch mit Registertabs arbeiten.
Schneide die Kopiervorlage Registertabs aus. Beschrifte die Tabs mit dem neuen Teilthema.

④ Klebe das erste Registertab auf die Rückseite deines ersten Eintrages.

⑤ Bewahre die übrigen Registertabs in deiner Hefttasche auf, bis ein neues Thema beginnt. Diesmal klebst du das Registertab unter das erste Tab.

Hinweis: Wenn du mit Registertabs arbeitest, beginne jedes neue Teilthema auf einer rechten Seite.

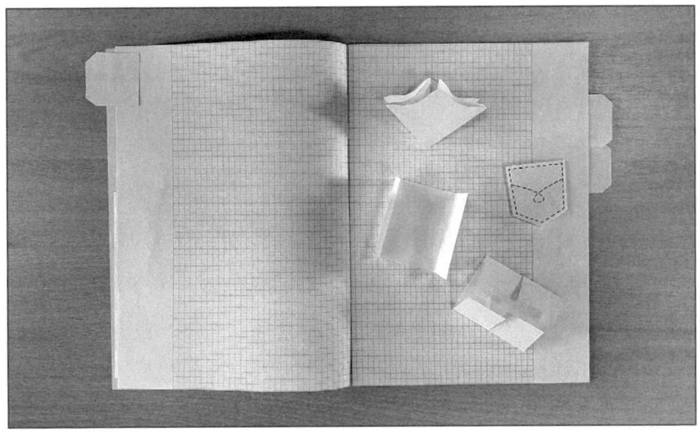

⑥ Wähle zu deinen Teilthemen passende Faltvorlagen aus und stelle sie mithilfe der Faltanleitung her.

⑦ Klebe das Faltelement auf deine Heftseite.

Hinweis: Bewahre noch nicht fertiggestellte Faltelemente in deiner Hefttasche auf.

SO GESTALTEST DU DEIN INTERACTIVE NOTEBOOK:

Lege Themenseiten an.

Beginne zu jedem Teilthema eine neue Seite bzw. eine neue Doppelseite. Notiere die Überschrift und hebe diese besonders hervor. Wähle eine zum Inhalt passende Faltvorlage aus.

Überlege dir, mit welcher Faltvorlage du den Inhalt deines Themas durch das Faltelement strukturieren kannst. Achte z. B. darauf, dass jedes Einzelthema eine extra Klappe bzw. Feld hat usw. Schreibe Fragen oder die einzelnen Teilüberschriften auf die sichtbaren Teile der Faltelemente auf. Notiere Erläuterungen und/oder Beispiele auf den entsprechenden nicht sichtbaren Teilen der Faltelemente. Nutze auch den Platz auf deinem Blatt, der durch die Klappen verdeckt wird.

Führe dein Inhaltsverzeichnis oder ergänze Registertabs.

Ergänze dein Inhaltsverzeichnis bzw. beschrifte bei Bedarf einen neuen Registertab für dein Thema und klebe diesen an die rechte Seite.

Medientipps

Marion Auer:
Bruchrechnung endlich verstehen.
Verlag an der Ruhr, 2021.
ISBN 978-3-8346-4440-4

Doreen Blumhagen:
Mein DaZ-Lapbook.
Neu in Deutschland – wir lernen uns kennen.
Verlag an der Ruhr, 2019.
ISBN 978-3-8346-4059-8

Redaktionsteam Verlag an der Ruhr:
Kleine Helfer für die Schülerhand – Deutsch Sekundarstufe I. Bastelvorlagen zum Begreifen von Methoden und Regeln.
Verlag an der Ruhr, 2015.
ISBN 978-3-8346-2917-3

Redaktionsteam Verlag an der Ruhr:
Kleine Helfer für die Schülerhand – DaZ Sekundarstufe I. Bastelvorlagen zum Begreifen von Methoden und Regeln.
Verlag an der Ruhr, 2018.
ISBN 978-3-8346-3927-1

Redaktionsteam Verlag an der Ruhr:
Praktische Helfer für LehrerInnen. Vorlagen für Unterrichtsorganisation und Methodenvielfalt Sekundarstufe I.
Verlag an der Ruhr, 2018.
ISBN 978-3-8346-3817-5

Marion Schadek-Bätz:
Kleine Helfer für die Schülerhand – Englisch. Bastelvorlagen zum Begreifen von Methoden und Regeln.
Verlag an der Ruhr, 2018.
ISBN 978-3-8346-3809-0

Arthur Thömmes:
Unterrichtsphasen erfolgreich gestalten. Das große Methodenhandbuch für die Sekundarstufe.
Verlag an der Ruhr, 2014.
ISBN 978-3-8346-2568-7

Arthur Thömmes:
Die Spezialauftragskartei. 90 Karten zur Schüleraktivierung in der Sek I.
Verlag an der Ruhr, 2020.
ISBN 978-3-8346-4445-9